领导三忌

方军◎编著

中国华侨出版社
·北京·

图书在版编目 (CIP) 数据

领导三忌 / 方军编著 .—北京：中国华侨出版社，
2006.9（2024.11 重印）
ISBN 978-7-80222-184-0

Ⅰ.领… Ⅱ.方… Ⅲ.领导学—通俗读物
Ⅳ.C933-49

中国版本图书馆 CIP 数据核字（2006）第 110039 号

领导三忌

编　著：方　军
责任编辑：刘晓燕
封面设计：周　飞
经　销：新华书店
开　本：710 mm × 1000 mm　1/16 开　　印张：12　　字数：130 千字
印　刷：三河市富华印刷包装有限公司
版　次：2006 年 10 月第 1 版
印　次：2024 年 11 月第 2 次印刷
书　号：ISBN 978-7-80222-184-0
定　价：49.80 元

中国华侨出版社　北京市朝阳区西坝河东里 77 号楼底商 5 号　邮编：100028
发 行 部：（010）64443051　　　传　真：（010）64439708

如果发现印装质量问题，影响阅读，请与印刷厂联系调换。

前 言
Preface

在竞争激烈、变化万千的当今社会，领导随时随地都会面临各种问题。能否有效地驾驭复杂的局面，取决于领导的自身素质。

领导不能犯错误，在实际工作中，错误的代价是高昂的，一次错误就葬送你长期努力的成果，甚至使你的大好前程毁于一旦。

在才干、品行差别不大的前提下，同为领导，为何业绩、成就会有那么大的差别？比较之下你就可以发现领导有三忌：

一忌知方而不知圆。作为领导，在方与圆的运用上要灵活。在管理工作中，既要胸中有方，有自己的底线，同时也不能为自己的原则所束缚。领导要该方则方，该圆则圆，进则能攻，退则能守，一切要以把工作做好作为最终的目标。

二忌用人而不知人。用人可以说是领导主要的职责之一。但用人是一门很深奥的学问，并非每个领导都能得其精髓。用人用得好，得其所助，工作能够顺利展开；用得不好，被其所累，直接影响领导事业的成败。用人的关键是知人，领导必须明白知人才能善任的道理，要有一套属于自己的知人之法，从看、听、辨、验等各个角度去识人，找到适合自己的"千里马"。

三忌布局而不能控局。杰出的领导总是布局高手与控局能手的完美结合。领导要有见微知著、洞察时局的能力，无论对自己还是对下属都要有强而有力的控制力。在下属面前有威信，他们才能心甘情愿地服从指挥，为你所用。

在你感叹"领导不好当"的同时，请仔细地看一看是否正因此三忌而陷入困局？如果正是如此，希望本书能对你有所帮助。

目 录
Contents

一忌 知方而不知圆

既要坚持原则又要通权达变

领导者不能当好好先生，既然职责赋予你相应的权力，就至少要利用权力维护原则，而反过来讲，你只有守住原则的底线，才能更好地运用权力，树立起正面的领导形象。但是，以强硬的态度坚守原则与灵活变通地处理问题的手段并不矛盾。现实总是复杂多变的，应该刚柔相济，通权达变，以方与圆的两手解决问题，维持局面。

① 方己圆人，别把自己的原则强加给下属 // 002

   1. 金无足赤，身为领导不可要求过高 // 002

   2. "无为而治"胜过"事必躬亲" // 005

   3. 赏，能重则重；罚，当轻则轻 // 007

   4. 宽容是领导者必须具备的胸怀 // 009

② **方内圆外，以灵活的语言艺术解决问题** // 014

    1. 个别谈话，领导者必须重视的沟通方式 // 014

    2. 对你自己的领导不能正面强攻 // 017

    3. 说服下属也不是一件很容易的事 // 022

    4. 避实就虚，不动声色地解决难题 // 026

③ **守方求圆，做事要讲究方法的运用** // 030

    1. 给员工一个明确的目标 // 030

    2. 一定要千方百计留人才 // 033

    3. 把你的目光从过程转向结果 // 038

    4. 及时化解员工的不满情绪 // 041

④ **能方能圆，方方圆圆就是你** // 044

    1. 人性化的管理使你更得人缘 // 044

    2. 善于帮下属解决工作中的难题 // 046

    3. 在批评的同时巧妙树威 // 048

    4. 对下属的宽容要有一定的"度" // 050

二忌 用人而不知人

要明白知人才能善任的道理

领导者要会用人，局面越大，需要的人越多，用人的重要性就越突出。会用人的领导好比一位弈棋的高手，摆弄好几个重要的棋子则满盘皆活。用人的学问很深奥，抓住了知人这个关键点，等于抓住了用人之道的七寸。知人才能善任，不知人导致的用人不当，不仅会搅乱领导者苦心经营的局面，甚至会危及领导者自身，自古至今，这样的教训都是深刻的。

① 知人靠眼，用"火眼金睛"辨贤愚 // 054

　　1. 练就一双识人的"火眼金睛" // 054

　　2. 对真正的人才青睐有加 // 057

　　3. 看清下属的"长处"与"短处" // 059

　　4. 切忌以貌取人 // 062

② 知人靠耳，观其人也要听其言 // 065

　　1. 掌握提问的技巧 // 065

　　2. 在谈话中了解他人 // 067

3. 给下属一个讲话的机会 // 069

③ 知人靠心，眼明耳聪皆不如心亮 // 071

1. 对不同人的性格模式要深析 // 071

2. 从细微处来鉴别真正的人才 // 082

3. 在选人标准上要灵活把握 // 090

4. 对可用之才要大胆使用 // 094

④ 知人靠验，辨才须待"七年"之期 // 099

1. 找到一条科学有效的选人方法 // 099

2. 在比较中找到你所需要的人 // 102

3. 要敢于用重任考验人才 // 105

4. 时间是最公正的裁判 // 108

三忌　布局而不能控局

让局面尽在自己的掌控之内

领导者需要维持的局面不管是大还是小，都首先要有布局的头脑——对资源要统筹规划、对各种问题和矛盾要了然于胸等等。但是，布局只是问题的一个方面，布局之后如果管理方法不对头、措施不到位也可能面临失控的危险，所以，还要以恰当的手段和技巧控制局面。掌控有力而得当，局面的发展走向才能始终在自己设计的轨道之内。

① 控局先控己，对你的权力负起责任 // 112

    1. 控制好自己的个人情绪 // 112

    2. 使自己能够胜任各种角色 // 116

    3. 领导一诺值千金 // 121

    4. 由自己来控制时间 // 124

    5. 要控制对权力的使用 // 131

② 洞察时局，随时掌握主动权 // 135

    1. 主动做出有远见的决策 // 135

    2. 准确地掌握所需的资讯 // 138

    3. 以退为进争取主动 // 143

    4. 对冲突驾驭有术 // 145

    5. 在人才流失前采取行动 // 147

③ 运筹决胜，让下属按领导的意图行事 // 152

    1. 给下属的命令要明确具体 // 152

2. 让命令能够迅速执行 // 155

3. 让员工对工作充满激情 // 159

4. 使每个员工都变得更出色 // 161

5. 委派好手下的每一个人 // 165

④ 用"不"立威，以雷霆手段控制局面 // 173

1. 用"高压"加强自己的领袖魅力 // 173

2. 对"多数"说不 // 175

3. 该说"不"时就说"不" // 177

4. 适当地对员工发火 // 179

一忌

知方而不知圆

既要坚持原则又要通权达变

◇◇◇

领导者不能当好好先生，既然职责赋予你相应的权力，就至少要利用权力维护原则，而反过来讲，你只有守住原则的底线，才能更好地运用权力，树立起正面的领导形象。但是，以强硬的态度坚守原则与灵活变通地处理问题的手段并不矛盾。现实总是复杂多变的，应该刚柔相济，通权达变，以方与圆的两手解决问题，维持局面。

① 方己圆人，别把自己的原则强加给下属

领导者自然要讲原则。但是，有些原则不一定非要丁是丁、卯是卯不可，在一些问题上，下属也许与你的原则背道而驰，但只要无关大局，不妨碍共同的事业，你就不妨灵活对待。

1. 金无足赤，身为领导不可要求过高

你是一个领导者，是一个集体的带头人，你对自己的要求一定很严格，有着这样那样的原则。为人有原则，这当然值得赞许，但这些原则只求自己严格遵守即可，万不能让自己的下属也一并严格执行。即使这些原则在自己看来是人人应该有的操守，只要与大局无关，下属在这方面有缺失也并无不可。

有句诗说的好："黄金无足色，白玉有微瑕。"人都是有缺点的，从古至今，根本不存在完人。每一个成功的领导者，对这一点都有充分的认识，从不求全责备。

《三国演义》中有一段故事，说的正是一位优秀的领导者不以自己的原则强求下属的故事。

　　赤壁之战后不久，原是荆州刘表手下大将的魏延来投奔刘备。诸葛亮根据魏延此前的种种行为和自己的观察，断定魏延为人不够忠诚，日后必会造反。按常理来说，一生忠诚于刘备父子的诸葛亮应该不会收留不忠诚的魏延。但结果却出人意料，诸葛亮同时又认为魏延很有本事，可以为刘备所用，自己也能够降伏其人，因此不妨先予以收留。就这样，身为杰出领导的诸葛亮在坚守自己的原则底线时收留了一个与自己的人生观并不相同的人。事实证明，诸葛亮非常高明，魏延为刘蜀政权立下了大大小小的功劳，与关、张、赵、马、黄五虎上将相比也不逊色多少。

　　如果诸葛亮因为自己是忠诚的，就排斥不够忠诚的，那么刘蜀政权的建立和巩固恐怕就不会那么顺利了。

　　现实生活中，领导者也常会碰到一些令自己不太满意的人才。你是一个作风正派的人，下属却偏偏是个"风流人物"；你是一个不苟言笑、说话严谨的人，下属却偏偏是个嬉皮笑脸之辈、油嘴滑舌之徒；你是一个正直无私的人，下属却偏偏爱占小便宜，总爱将集体的一些不值钱的小东西据为己有……下属的这种种行为也许会让你火冒三丈，深恶痛绝，但这些行为确实并不影响工作。如果有这样毛病的下属是个人才，你就应该对其降低要求。

　　俗话说："高下相成。"有作为的人往往优缺点比较明显。古往今来，大凡有见识、有能力，能够成就一番事业的人，往往有着与众不同的个性和特点。他们不仅优点突出，而且缺点也明显，这种情况在现实生活中到处可见。如社交能力强的人，有时显得卑屈；过分善良的人，有时会上当受骗；自尊自重的人，有时会显得傲慢自大；意志坚定的人，有时会显得固执等。美国著名经济学家德鲁克对他熟悉的著名学者考察后的结论是：才干越高的人，其缺点也往往越显著。还有一种社会现象，即越是才能超群、性格鲜明的人，越容易引起别人的嫉妒而出现许多"舆论缺点"，正是"人有高世之才，必有遗世之累"。领导者在考察人才时，碰到对"缺点"比较多的人认识难以一致时，要认真分析，看是什么原因引起的，是什么性质的问题，然后分清是非，不要因为自己的缘故，轻易判定某某人行或不行。

用人当用长处突出、短处不严重的人。美国南北战争时，林肯任命格兰特将军为总司令，有人认为格兰特贪杯，不宜担当大任。林肯却说："如果我知道他喜欢喝酒，我倒应该送他几桶。"林肯不是不知道酗酒可能误事，但他更知道在北军诸将领中，只有格兰特能够运筹帷幄、决胜千里。后来的事实也证明了林肯的任命是正确的，它使美国南北战争发生了重大转折。这个事实说明，领导者没必要拿自己的原则作为寻找合格下属的标准。德鲁克在《有效的管理者》一书中指出，有效的管理者从来不问下属不能做什么，而是问他在哪些方面做得突出。在配备人员时，他们要用的是某一主要方面有特长的人，而不是在各方面都可以的人。

由于人成长的主客观环境的局限，决定了任何人只能了解、熟悉和精通某一领域、某一方面的知识或技能，一旦离开了适应的领域，其优势、长处就会消失。所以领导者应该注意先弄清楚下属的特长，这种特长适用于哪些领域，然后找到最佳的位置。不要求全责备，人为地要下属放弃特长而去适应你的原则。当然，对下属要看长处，并非完全不看短处。对于降低了人的价值、危及了领导者目标实现的严重缺点，是绝对不能含糊的。

2．"无为而治"胜过"事必躬亲"

大多数领导者都喜欢事必躬亲。他们总希望将自己的工作技巧手把手地教给下属，生怕下属做不好，总在一旁喋喋不休，甚至亲自上阵，现身说法，结果回头一看，本应是下属做的工作，大部分都是领导完成的。

其实，领导者因为已形成了稳定的工作习惯和作风，可以对自己的工作方式制定一些原则，却不必对下属管得太严，要求得太死。要知道，你是一个领导，是个管理者，不是工程师，不是解决问题的人。所以，有些事情你不需要去做，也不应该去做。某些事情，什么也不做反而比事事亲力亲为效果更好。

有一个企业的董事长是个事必躬亲的领导，他总在指挥几乎每一个下属该怎么干。结果，下属既不敢按自己的意愿完成工作，又无法完全按领导的方式做事，以至于都只能依赖于领导的亲自命令行事。这显然不利于正常地开展工作。

其实，你完全可以让你的下属放手开展工作，不要拿你认定的一套原则去规范下属该如何工作。只要下属能顺利完成工作，何必在意他所采取的方式合不合自己的心意呢？

领导者如何对待权力，反映了他的管理观念是进步还是落后。有些领导者对别人办事，一万个不放心，凡事都要亲自过问，死抓不放，结果束缚住了下属的手脚，反而使工作迟缓、缺乏创意。这就叫事必躬、死抱权；相反，有些领导者能够给下属权力，鼓励他们多动脑筋、放开手脚，结果工作突飞猛进、效益倍增。这种事不必躬亲，权不必死抱的做法，就是授权。

管人艺术是门大学问，如何当一个好的领导者，很有讲究，如何达到"治之至"很有门道。《吕氏春秋·察贤》记载，宓子贱和巫马期先后治理单父，宓子贱治理时每天在堂上静坐弹琴，没见他做什么，把单父就治理得相当不错。巫马期则披星戴月，早出晚归，昼夜不闲，亲自处理各种政务，单父也治理得不错。两个人两种治法，一则无为而治，一则事必躬亲。

两种方法孰优孰劣，古人也有评论：无为而治是"古之能为君者"之法，它"系于论人，而佚于官事"，是"得其经也"；事必躬亲是"不能为君者"之法，它"伤形费神愁心劳耳目"，是"不知要故也"。前者是使用人才，任人而治，后者是使用力气，伤力而治。使用人才，当然可逸四肢，全耳目，平心气，而百官以治；使用力气则不然，弊生事繁，劳手足，烦教诏，必然辛苦。古人的这套说法今天仍有意义，其道理仍没过时。凡有上级与下级、用人者与被用者关系存在的地方，就有领导与被领导，统御与被统御的关系，作为领导者就要有效地实施无为而治的领导艺术。

首先，领导者要搞明白，无为而治不是放手不管，拱手让权。明代万历皇帝朱翊钧就是拱手让权，他在位48年，亲政38年，竟有25年躲在深宫之内不见外人的面，完全不理国事，连内阁首辅也见不到他，不知在干什么。他这不是无为而治，而是放弃"领导"的责任，任属下胡搞，这是走极端的一种表现。另一位明朝皇帝思宗朱由检，终日在自己的嗜好上下功夫，要当一个优秀的木工和漆匠，沉浸在盖房子、造家具、涂油漆之中，"不厌倦也"，达到"自操斧锯凿削，即巧工也不能及也"的水平，这更不是一个领导者所为。

其次，领导者要抓纲举目，要抓紧大事。制定工作方针、计划是领导者的大事；发展规模、工作效益是大事。领导者只有抓住这些大事，才能做到纲举目张。

第二次世界大战时，英军统帅蒙哥马利就提出过：身为高级指挥官的人，切不可事必躬亲于细节问题的制定。他自己的作风是在静悄悄的气氛中"踱方步"，在重大问题的深思熟虑方面消磨很长时间。他感到，在激战进行中的指挥官，一定要随时冷静思考怎样才能击败敌人。对于真正有关战局的要务视而不见，对于影响战局不大的末节琐事，反倒事必躬亲，这种本末倒置的作风，必将使下属无所适从，进退失据。

现代社会活动错综复杂，一个领导者即使有三头六臂，也不可能事必躬亲，独揽一切。一个高明的领导者，其高明之处就在明确了下级必须承担的各项责任之后，所授予的相应权力。从而使每一个层次的人员都能司其职，尽其责。领导者除了作出必要的示范外，一般对下属无需太多干预，不宜事无巨细一律过问。这样做的领导者，就是懂得授权艺术的现代管理者。

3. 赏，能重则重；罚，当轻则轻

奖励和惩罚是领导者常用的管理、刺激下属的两种相反的手段，目的都是为了调动下属的积极性，提高下属的素质。

但是，奖励和惩罚所起的作用又是不同的。作为阳性诱因的奖励总是比作为阴性诱因的惩罚效果要好得多。对一个人的成就予以表扬，不管这种表扬的性质和态度如何，总比忽视他的作用甚至斥责他要好得多。作为领导，要善于发现和强化下属的长处和优点，善于把下属身上的消极因素转变为积极因素。

奖励和惩罚是密切相关而不可分割的。有奖有罚，有罚有奖，先奖后罚，先罚后奖，奖中有罚，多奖少罚，如此等等，都是领导者日常激励实践中经常遇到和运用的。为了调动下属的积极性，为了规范下属的行为，必须同时制定奖励和惩罚条例，并保证严格实行，不得轻视或取消任何一方。为了保证激励作用，在赏罚时，要将赏罚的标准和受赏罚对象的情况向下属实事求是地介绍，并采用下属能接受的赏罚形式，帮助下属正确认识赏罚的目的和作用。只有这样才能达到奖励一人，带动全体，处分一人，教育一片的目的。

在奖惩的实践中，要有主有辅，有重有轻，不可同等对待，平分秋色。一般来说，奖励的次数宜多，惩罚的次数宜少；奖励的气氛宜浓，惩罚的气氛宜淡；奖励的场合宜大，惩罚的场合宜小；奖励宜公开进行，惩罚宜个别进行；可奖可不奖者，奖；可罚可不罚者，不罚。在制定奖励和惩罚条例时，要考虑到人们的期望值和承受力。奖，经过努力也达不到，罚，经过努力也难免，这样的奖惩条例是不能达到激励目的的。在对下属行为进行考察时，要着眼于发掘下属的长处和优点，而尽量淡化和忽略下属的短处和缺点。

有些领导者喜欢用惩罚来指挥下属，对于奖励，力度就小得多。他们认为这一方面可以使下属谨慎、勤奋地工作，一方面可以减少集体的损失。那么，他们是否达到了预期效果呢？不仅没有达到，而且效果更糟。在这样的集体里，下属要么因怕受到惩罚而不敢放手工作，没有激情，要么心生去意，无心恋战。

因此说，高明的领导不仅要知道运用赏罚之术，而且还必须知晓赏与罚二者的关系及应用的时机。赏罚的时机把握与量的把握是一个优秀领导区别于普通领导的关键之处。

作为一个领导，如只知赏罚之术，而不能适度地把握赏罚之差异，那结果会是事与愿违的。必须知道赏的因素要大于罚的因素。而赏的概率要大于罚的概率。但这并不是说让领导只知道赏，而荒废了罚。必须正确把握赏与罚的分寸与分量。

在当今社会，惩罚的方式越来越少，奖励的方式越来越多，这为领导者多奖少罚、重赏轻罚创造了有利条件。

有了这么多的选择，领导者在奖惩下属时只需要注意一点：惩罚时不要伤害下属的身心；奖励后不要让下属觉得刻薄。能做到这一点，下属才会主动替领导分忧，才会向领导的原则靠拢。

4. 宽容是领导者必须具备的胸怀

洁白的美玉上常有瑕疵，普照大地的太阳上常有黑子。世间万物都不是完美的，吃五谷杂粮的人更是如此。不仅人人都有缺点，而且每个人在一生中都会犯无数个大大小小的错误，尤其是在工作中，由于种种主客观因素，更是屡屡出错。

许多领导者都是不能容忍下属在工作中出错的。下属的错误很可能对集体的利益以及领导者本人的利益造成不利影响，因此领导者们总是大为光火，不是将犯了错的下属叫到办公室里狠批一通，就是在众多下属面前对其破口大骂，甚至仅仅因为一个并不算严重的错误就将下属开除。在绝大多数领导者心中，下属不出错是他们赏识下属的原则，他们希望下属都是生而知之的怪胎。

请仔细想想，谁能不在工作中出错呢？拿领导者自己来讲，在每一个领导者自己的工作经历中，一定也有不少错误。那么，你的领导在你出错时是否也对你大发脾气了呢？如果没有，那你为什么要对你的下属大发雷霆呢？如果你的领导也曾对你发脾气，那么，请再想想，听到领导的怒骂，你在心中懊悔之余，不是也对你的领导产生了恨意吗？你不是也觉得自己已经在自责了，领导这种过分的言行太差劲了吗？既然如此，你就更不应该让你的下属对你也产生这种感觉了。

许多人都知道"绝缨会"这个故事。

春秋时期，楚庄王有一天晚上设宴招待群臣，席间命自己最宠爱的一位姬妾巡行斟酒劝饮。大家酒兴正浓时，忽然一阵风吹入大厅，将灯烛吹灭了。这时，有一个大臣趁黑又搂那名姬妾的腰。姬妾奋力挣脱，并乘机扯断那人的帽带，跑到楚王身边，请求他立即点灯查出此人治罪。楚庄王说："怎么能够因为要显扬我的姬妾的节操，就去侮辱一位大臣呢？况且大家都喝醉了，难免失态。"接着，他大声说："今天大家与我喝酒，不除去帽带，我就不高兴了。大家先除去帽带，然后才能点灯。"群臣依令而行后，楚庄王才命点上灯烛，继续畅饮。后来，楚国攻打郑国时，有一员大将经常冲锋在前，五次交战，五次取下敌军大将首级，楚国的仗因此打得非常顺利。楚庄王将这位将军召到身边褒奖，才知道这人就是那天晚上调戏自己姬妾的人。楚庄王一阵大笑，竟将爱姬赐给那人。诸侯听说楚庄王竟有这样的度量，都心悦诚服，楚国因此称霸于诸侯。

楚庄王身为一方诸侯，属下竟敢调戏他的爱姬，简直是弥天大错。但楚庄王却没有大发雷霆，反而想方设法替那个犯错的臣子掩饰，真是宽容到了极点。俗话说："投之以桃，报之以李。"楚庄王的宽容，换来了下属的拼死效力。若非如此，春秋五霸中也不会有楚庄王的名号了。

古代君主连下属调戏爱姬的过错都能宽容，今人难道反不如古人了吗？

太多的领导总是习惯于对自我的错误采取一种极其宽容的态度：每每自己犯错时，他们总会以"失败是成功之母"聊以自慰；而对于下属的错误，往往又会是另一副嘴脸："我们追求完美！我们不允许失败！"使得下属整日提心吊胆，无法舒心地工作。

一个鲜明的例子：孩子们都是通过不断地摔跟头才最终学会走路的，又都是通过不断说错话才最终学会说话的。通往成功的道路上一定会布满荆棘，不犯错就通往成功的路是没有的。作为领导，你也要学会宽容对待下属的犯错误、摔跟头。

有这样一些领导，他们总是迷信一种现代管理的神话：领导可以为完美的实施创建一个完美的模型；并且下属可以在不犯错误的前提下工作并发展。为了顺应这种假设，这些领导又往往花费几个月的时间，就如何处理某件事的最佳方案进行深入而坦率地商讨，试图将他们的精华加以提取，编制成文件，供全体下属使用。这种不犯错的模型因其指导思想的一成不变而显得索然无味和毫无意义。从实践角度而言，领导们是绝不可能得到一个不犯错误的下属的。

从下属角度来看，人人都非常害怕犯错误，非常担心那呵斥降临在自己头上。说句难听的话，他们往往要像狗一样夹着尾巴做人。下属们大都坚信这一点：一旦犯了错，就会受到严厉地惩罚。领导们往往就像进攻性很强的猎豹，找到那些做了错事的不幸的牺牲品，闻到气味，开始追逼猎物，直到将这些人降服顺从。

一般而言，大声或当众批评是不明智的，会刺伤被批评者的自尊心，可能引发强烈的抵触情绪，也可能使被批评者为了维护"面子"而当众反驳，造成批评的实际效果是十分差的，特别是引发被批评者的当众反驳，既影响领导的威信，又使被批评者因不断地自我辩护而强化了自认为"正确"的心态。

当众大声批评下属不仅是自己拆自己的台，而且会使受批评的人意志消沉，产生自卑感。有一个经理在现场检查产品质量时，对一名主管大声斥责："喂，你竟然给劣质的产品开绿灯！要知道，公司是不接受这种劣质产品的。你在这里表现得不好，你必须赶快把质量搞上去。否则，我会重新物色人选的。"结果，除了他以外，在场的所有人都很气愤。

当众训斥下属不但会使下属十分气愤，而且还会使在场的每一个人都感到十分尴尬，感到自己有朝一日也会有同样的下场而人人自危。同时，还有可能导致下属怀疑上级的能力，这样，他作为一名领导可能发挥的作用就小了，其自尊心也会受挫伤，致使他从此疑虑重重。领导者愚蠢地处理问题，只能使问题更加严重。领导不应该当众批评下属，而应私下同他研究问题，既能使问题得到正当的解决，又能保护下属旺盛的士气，对各方面都有好处。

有一些领导者总喜欢不分场合地对下属指手画脚，当众呵斥，动辄发脾气，把下属置于难堪的境地。他以为这样做会激发下属发挥更大的能动性；通过羞辱行为教育下属，以为才能体现自己的威严。这样做虽然对下属一时奏效，但却不能长久下去。因为，它会造成人为的心理紧张，对人的自尊心是一种极大的伤害。即使下属当时被迫接受了领导的责备，但内心深处却留下了一个阴影。不断地被斥责，阴影会越来越大，终于会有一天爆发出来的，使领导与下属矛盾激化。更有可能的是，下属产生的自卑心理会越来越强，意志会日益消沉，尤其是年轻人会自暴自弃。这对用人和激励人都是没有益处的。

容忍下属犯错误，是有很多好处的。犯错误是绝好的学习机会。在集体的运作中，千万不要否认这一点。永远不要去掩盖，隐瞒事实。如果你能看到错误的话，一定要承认错误并且从中接受教训。可事实上，很多人根本就看不到自己的错误，这就需要有周围人来加以监督。他们能够帮你揭示错误，帮你学习。但揭示他人错误也一定要有原则性。你必须表现出相互间极大的信任和积极助人的态度，尽量少训斥下属。如果一个领导揭示他人错误的用意在于惩罚或伤害他人，他必然要遭到失败。

宽容下属的错误，关键要把握一个度的问题：对于可容忍的，有利于下属发展进步的错误，应该提倡宽容；对于不可容忍的，甚至下属本身故意犯的错误则一律禁止，不予宽容。

宽容下属错误，鼓励下属积极创新的最大好处则是利于宽松、和谐的工作氛围的形成。在这样的氛围下，冒险、积极、主动及创新的精神被大力弘扬，有利于表现出领导的一种人性味道，集体的凝聚力会大大增强。

② 方内圆外，以灵活的语言艺术解决问题

方，是一种沉稳、刚强的形状，可惜太过棱角分明，欠缺几分机敏和灵活，而圆则正好相反。在与人交往中，作为领导，你的心中必然有方，才能有自己的底线。而在此基础上，你又必须披上圆的外衣。唯其如此，你才能成为有所作为的领导。

1. 个别谈话，领导者必须重视的沟通方式

一个负责任的领导者，一定会经常找下属个别谈话。个别谈话是领导者与其下属在日常工作、学习和生活中沟通思想感情的一种好形式，也是领导者必须重视的一种工作方式。

领导者与下属进行语言的交往，是领导活动整个过程的一部分，而这部分内容也是领导活动中一个至关重要的环节。因为通过这种方式，领导者与下属可以直接、明了、系统地传递各种信息，可以使上下级之间沟通感情，增进理解，产生亲切感和信任感。

一个领导者同下属谈话的语言运用的成功，是领导活动有效的重要条件，也是领导者获得信息、恰当地处理问题的方法，又是密切上下级

之间关系的有效途径。因此，领导者必须予以高度重视。

个别谈话对于领导者主要有两大作用：

①获取必要信息

在现实生活中，许多信息都是在人们的相互交谈中获得的，领导活动的信息也是如此。

对被领导者了解的途径和手段之一，就是同下级进行各种方式、方法的谈话，以取得必要的信息。这种谈话不论是在正式非正式场合下，不论成功与失败，都能获得一定的信息。这些信息有准确的，有模糊的，有随机的，都有可能对你开展工作有所帮助。

②解决思想问题

在领导活动中，同下级谈话往往是一种在正式场合下解决问题的补充。当正式场合下不能妥善解决问题时，就需要运用谈话的方式来解决。用这种方式解决的问题有时也可能是一些非重大责任性的问题，谈话的内容可能不多，但效果却是很明显的，因此谈话是解决思想问题的重要手段。

运用谈话的方式处理问题，需要掌握处理问题的方法、时机，把动机与效果统一起来。

运用谈话的方式处理问题，最基本的方法或规律是：思想信息的收集，思想信息的分析，思想交锋，交锋后的反馈。

领导者要解决和处理好下属的思想问题，就需要认识问题的症结；而认识问题的症结，首先就要求领导者收集思想发展变化的各种信息，从可靠的信息中去寻找解决问题的方法。

总之，个别谈话对任何一位领导者来说都是非常重要的，你必须学会运用，并必须掌握一定的技巧。

对下属进行个别谈话的技巧并不复杂，只有四点：

①把握对象，揣测心理

及时把握对象，揣测心理，是个别谈话获得成功的一个前提。要解决下属的思想问题，就要了解问题的发生、发展过程和原因，以及要解决的难点，做到心中有数。同时，谈话过程中，要随时掌握下属心理变化和影响谈话效果的几种心理障碍，使下属克服戒备心理、试探心理、恐惧心理、逆反心理、对抗心理、懊丧心理和无所谓心理。

通常人们的心理既有复杂、多变的一面，又有封闭、不易暴露的一面。这就需要领导者随时揣摩分析下属复杂的心理变化。这些变化一般是通过语言、面部表情、情绪和行为表现出来的。应根据下属的性格特征去做工作。若下属性格坦率、耿直，你的谈吐就要简洁，"迂回作战"往往适得其反，引起隔阂。若下属自尊心强，爱面子，你提出问题就应该缓和婉转。如果你遇到的是个比较固执，喜欢抬杠、顶牛的下属，须注意因势利导，以防激化矛盾。当下属讲话出现啰唆、重复，甚至出言不逊时，也不要急，而要冷静、耐心、细致地做诱导说服工作，使下属对你有信任感。

②摆正位置，启发诱导

运用个别谈话语言艺术，多是采取商量讨论、启发诱导的方式进行。这里不存在谁高谁低、谁尊谁卑的问题，而是以讨论商量口气进行个别谈心，使双方在轻松和谐的民主气氛中，解放思想，辨明是非，讲清道理。

个别谈话效果好坏，关键在于谈话是否摆正位置。不能以"智者"身份出现，好为人师，搞家长式作风，不让下属讲话，盛气凌人，使人产生逆反心理。要抱着平等的朋友式的态度，推心置腹地交换意见，启发下属跟随领导者输出的思想信息，把下属引入积极的思想状态，去思考和省悟问题，留给下属长时间回味，使之得到有益的启发。

③感化与明理有机结合

人们常说做思想工作要"动之以情，晓之以理"。其中动之以情就是一种感化，即以情感人。个别谈话时，如果双方感情真挚深厚，心心相印，有亲切感和信任感，就能引起思想感情上共鸣，促进问题的解决。反之，如果缺乏真诚的感情，必然引起下属的惧怕心理、防御心理、颓丧心理，始终与领导者保持一定距离，难以达到预期目的。因此，在个别谈话的过程中，必须创造一个感情融洽的良好的谈话环境。

感化的目的是晓之以理。即摆事实、讲道理、以理服人。要从事实中引出道理。动之以情，不是感情用事，不能忘记晓之以理。现在一些领导者讲动情，往往忽视伦理，甚至悖理换情，一味满足迁就他人不合理的要求。这样既放弃了原则，又害了同志。

④选准"突破口"

个别谈话要找好"突破口"。可根据不同对象的文化修养、心理特点来选择谈话的"突破口"。例如：对情绪消沉的，要鼓励、关怀、体贴，切忌当面指责；对思想疙瘩多的，要和蔼可亲，寻找共同语言，增加同心度，使自己所说的道理能被对方认识和接受。

2. 对你自己的领导不能正面强攻

在领导者这个群体中，身为一把手的只是少数，绝大多数领导者还有自己的领导，也许你正处在这种情况之中。

如果是这样，那以你在注重如何对待下属的同时，也要认真研究一下如何对待你的领导。

在一般情况下，对待自己的领导的方式方法不需要去特别学习。你既然能成为领导者中的一员，在与领导相处方面一定已经有很多经验了。但是，有一个方面你肯定还不足，那就是该怎样向你的领导进言、提意见。

人人都不喜欢给领导进言、提意见，谁也不想吃饱了撑的，去摸老虎屁股。但是，有时候，事关集体的大局，或者处于某种你不得不进言、提意见的情况下，你就必须开口讲话了。这时候，你说什么、怎么说，将可能关系到你是否还能坐在现在的位置上。

其实，对更高一级的领导进言或提意见并不像许多人想象的那么困难，关键看你有没有掌握巧妙的语言艺术。

向领导进言或提意见，主要需要注意三个技巧：

①在公开场合，一定要给你的领导留面子

你的领导也要"面子"，在领导眼里，如果自己的下属在公共场合使自己下不来台，丢了面子，那么这个下属肯定是对自己抱有敌意或成见，甚至是有组织、有预谋地公开发难。无论你是喜欢他的人，或不喜欢他的人，在公开场合不给领导留面子的结果就是，领导要么给予以牙还牙的回击，通过行使权力来找回面子，要么就怀恨在心，留待秋后算账。

领导十分注意自己在公开场合，尤其是在其他领导和众多下属在场时的形象，这不仅仅是因为有文化的潜移默化的作用，更在于领导从行使权力的角度出发，维护自己的权威的需要。这种需要会在大庭广众之下变得越强烈甚至是不可或缺的。

如果下属的意见使领导感到难堪，即使他是出于善意，即使他"对事不对人"，但其结果却必然是一样的：使上级的威信受到损害，自尊受到伤害。

因此，如果领导当众受到下属的伤害，丢了面子，即使当场不便发作，日后也会记恨在心，甚至伺机报复。

既然如此，下属在公共场合给领导提意见时，一定要注意给领导留面子。

留面子，首先表明你对领导是善意的，是出于对领导的关心和爱护，是为了帮助领导做好工作，这样，他才能够理智地分析你的看法。

留面子，还表明你尊重领导，你服从他的权威。你有意见并不意味着你在指责他，相反，你是在为工作着想。

留面子，其实就等于给自己留下余地，下级可利用这个余地同上级在私下里进行更为深入的交流和探讨。同时，这个余地还暗示上级，下级只是行使了一定的建议权，而上级仍留有最终的决定权。留有余地，会使下级能够做到进退自如，一旦所提意见并不恰当，还会有替自己找回面子的可能。

当然，主张在公开场合提意见要注意上级的面子，并不是鼓励下级"见风使舵"、做"老好人"，而是强调在提意见时要注意场合、分寸，要讲究方式、方法。

②以请教方式提意见

下属提出的建议，领导能否接受，不仅取决于建议内容本身的合理性，还取决于下属提意见的方式。

经验表明，以请教的方式提出建议更易为领导所接受。

请教，是一种低姿态，它的潜在含义是，尊重领导的权威，承认领导的优先地位。这就是说，下属在提出建议之前，已经仔细研究过领导的方案和计划，是以认真、公正的态度来对待领导的思想的。因而，下属的建议是在尊重领导的观点的基础上形成的，是对领导观点的有益补充。这种印象无疑会使领导感到安慰，从而减少或消除对下属进言的敌意。

请教的姿态，不仅仅是形式上的，更有内容上的意义。下属在请教领导时所听到的他在某一方面的见解，可能并未在公开场合说明过，而这一见解可能正是领导在考虑问题时所忽略了的重要方面。这样，在提出建议之前，先请教一下领导的看法，以使自己进退自如，一旦发现自己的想法欠妥或考虑不周，便可立即止口，回去将自己的建议完善一下；如果发现自己的建议毫无意义，那么你该庆幸没有将自己的见解说出去。

下属在提出建议之前，先请教一下自己的领导，就是要寻找谈话的共同点，建立彼此相容的心理基础。如果你提的是补充性建议，那就要首先从明确肯定领导的大框架开始，提出你的修正意见，作一些枝节性或局部性的改动和补充，以使领导的方案和观点更为完善，更有说服力，更能有效地执行。

如果你提出反对性意见，则一定要注意共同心理的培养，使对方愿意接受你。此时，虽然你可能不赞成领导的观点，但一定要表示尊重，表明你对领导观点的理性思考。只要你设身处地地从领导的立场出发考虑问题，并以充分的事实材料和精当的理论分析作依据，领导一定会心悦诚服地放弃自己的立场，仔细倾听你的建议和看法。在这种情况下，领导是会乐意采纳你的意见和建议的。

请教会增强领导对下属的信任感。当你用诚恳的态度来进行彼此的沟通时，领导会逐渐排除你在有意挑"刺儿"的想法，并逐渐了解你的动机，开始恢复对你的信任。

③迂回地表达反对意见

春秋时期，齐景公派烛邹专管看鸟。一天，鸟全都飞跑了，齐景公大怒，要斩烛邹。大臣晏子闻讯赶到，请求齐景公允许他在众人面前尽数烛邹的罪状，好让他死个明白。齐景公答应了。于是晏子便对着烛邹怒目而视，大声斥责道："烛邹，你为大王管鸟，却把鸟丢了，这是你第一大罪状；你使大王为了几只鸟杀人，这是你第二大罪状；你使诸侯听了这件事，责备大王重鸟轻人，这是第三条罪状。以此三罪，你是死有余辜。"说罢，晏子请求景公把烛邹杀掉。此时景公早已转怒为愧，挥手说："不杀，不杀！我已明白你的指教了！"

这就是下属迂回地批评领导，表达反对意见并被领导心悦诚服地接受的一个很好的例证。很明显，晏子反对景公的做法，但他审时度势，认为直谏反而不妙，于是采取了以退为进、以迂为直的方法来间接地表达自己的意见，使齐景公得以领悟其中的利害关系和是非曲直，达到了既救烛邹之命，又得以教育景公的目的。而且，晏子也避免了直接触犯景公，给自己引来麻烦的结果。

迂回地表达反对意见，可避免直接冲突，减少摩擦，使领导更愿意考虑你的观点，而不被情绪所左右。

这是因为这种方法很容易使你摆脱其中的各种利害关系，淡化矛盾或转移焦点，从而减少领导的敌意。在心绪平静的情况下，理智占上风，领导自然会认真考虑你的意见，而不会不假思考，"一棍子打死"。

其实，通过迂回的办法表达自己的反对意见，力求使领导改变主张，是十分有效的方法。无须过多的言辞,无须撕破脸皮,更无须牺牲自己,就可以达到你的目的。

3. 说服下属也不是一件很容易的事

任何一位领导者都没一呼百诺的本事。历史上那些令响应者云集的领导者,事先都进行过大量的说服工作。例如陈胜、吴广领导的大泽乡起义,先是经过二人一番装神弄鬼动摇人心,然后陈胜又摆事实、讲道理,才使一群民夫跟着陈胜、吴广举起了反秦的大旗。

在现代社会也是一样。不要以为你是领导,你的决定非常完美,下属就都能一致服从,按你所想的去工作。总会有一个或多个下属与你的计划背道而驰,你必须说服他们,让他们掉转马头,簇拥着你前进。

想说服任何一个人都是不容易的事情。你必须根据你要说服的下属素质的不同、性格的不同、职务的不同以及反应的不同选择恰当的说服技巧。

说服的技巧主要有以下 7 种:

①用自己的亲身经历现身说法

用自己的亲身经历来说服别人是一种十分有效的方法。首先,事实胜于雄辩,事实是最有说服力的,十条理论不如一件事实更让人信服。其次,唯其是亲身经历,才更显真实,这是远非道听途说所能比拟的。另外,现身说法还有一个好处,就是可以不用一本正经地说教,只要说完情况稍加点拨,让别人去体会,显得含蓄、委婉。

现身说法说服别人的典型例子是我国古代的邹忌说服齐威王广开言路的故事。邹忌曾问身边的人自己与美男子徐公相比谁更帅一些,结果身边的人都说邹忌比徐公帅。等邹忌见到徐公，觉得自己比徐公差多了。邹忌从中悟出了一个道理：身边的人因为种种原因，会欺骗他。于是第二天见齐威王的时候就说了自己的情况，并告诉威王，现在宫廷里的人个个都偏袒大王，官吏们都怕大王，四境之内都有求于王，由此可见大王受蒙蔽很深！齐威王大受触动，下令广开言路。

现身说法的最大优点是避免了在说服过程中常常出现的批评和教训对方的口吻，而是用自己所产生的类似问题来启发别人不至于使人觉得你居高临下，易于被接受。

②循循善诱

所谓"循循"，就是指有步骤地、耐心地诱导对方思考；所谓"诱"，就是启发开导；所谓"善"，即是指要"诱"的得当、巧妙，使对方心悦诚服。

③归谬说服

归谬说服并不直接反驳对方的错误观点，而是先假设对方的观点言之有理，然后据此引申出一个连对方也不得不承认是荒谬的结论来，从而心甘情愿地放弃原有的错误观点和主张，无条件地接受说服者输出的思想信息。

实践已使许多人懂得，当我们面对固执己见的人，直接反驳其错误会有诸多的不便，而最有效、最巧妙的方法当属归谬说服方式了。

运用归谬方式使说服对象认识原来观点的错误，还可采用这样一套方式，即先提出一些问题让对方谈自己的见解，即便对方说错了，也不要急于直接指出，而要不断地提出补充的问题，诱导对方由错误的前提推到显然荒谬的结论上，使之不得不承认其错误，然后再设法引导他随着你的正确的思维逻辑，一步一步通向你所主张的观点，达到劝导说服的目的。

④以理服人，以情动人

说清道理是使对方心悦诚服的有效方法。以理服人是一定会有效果的，除非对方是蛮不讲理的人。即使如此，讲清道理也有利于争取群众。退一万步，遇见了不讲理的人，非上公堂打官司不可的时候，也还是要讲道理来说服法官和陪审团的。

在说服时，还应注重彼此情感的交流。用情感打动对方，使对方信赖，这时，说服就容易奏效了。

⑤借此说彼

利用两个事物之间的某一相似点，借甲事物来说明乙事物，不仅通俗易解，且具有很强的说服力，往往能收到事半功倍的效果。

唐太宗为了扩大兵源，想把不在征调之列的中年男子都招入军中。宰相魏征知道后对他说："把水淘干了，不是得不到鱼，但明年恐怕就不会有鱼了；把森林烧光了，不是猎不到野兽，但明年就无兽可猎了。如果中年男子都召入军中，生产怎么办？赋税哪里征？兵员不在多，关键在于是否训练有素，指挥有方，何必求多呢？"太宗无言以对，只好收回了成命。在这段话中，魏征借用两件与主要事件相类似的事例作比，既形象又深刻地阐明了不能把中年男子都调入军中的道理，极有说服力。

⑥用权威的数字说服

在说服时，如能拿出更权威有力的数字来，就能使对方有更清晰的感觉，就更容易接受你的观点。

一个在第二次世界大战中当过海军的人说当他和伙伴被派到一艘油轮上时，他们非常恐慌。他们相信油轮一旦被鱼雷击中，大量汽油的爆炸，就会在一刹那间把他们统统送上天。

针对他们的恐慌，海军单位发出了一些准确的统计数字，指出被鱼雷击中的一百艘油轮中，有六十艘并没有沉到海里去。而在真正沉下去的四十艘中，有五艘是在不到五分钟的时间沉没的。这就是说，有足够的时间让他们跳下船去。也就是说，死在船上的机会很少很少。

这样一算，知道了这些平均数字之后，那些海军士兵们的恐慌一扫而光了。让数字说话是一种最有力而科学的说理方式，利用它来对付恐惧及那些担心可能出现突发灾难者的顾虑通常是很有效的，而准确的统计数字就更富有权威性了。

⑦交换角色说服

"让你换了我，你该怎么办？"这种说服法，乃是说服技巧的第一步。利用了"角色扮演"使对方有互易立场的模拟感觉，借此模拟感觉而达到说服对方的目的。

美国有一位青年，从小就憧憬着军旅生涯，他特别钟情于西点军校，可是1929年美国经济恐慌，人人被生活逼得走投无路，年轻人都一窝蜂挤入各兵种的军事学校，有限的名额早就被有办法人的子弟占据了。于是乎，他到处打躬作揖，一一拜访地方有头有脸的人物，并说："我是个优秀青年，身体也棒，我平生最大的愿望，是进西点报效国家，如果您的孩子和我一样处境，请问这该怎么办呢？"

没想到，这些有办法的人物经过他这么一说，十之八九都给了他一份推荐书，有的人更积极为他打电话，拜托国会议员，他终于成了西点军校的学生了。

任何人对自己的事，总是怀有很大的兴趣和关切。这位年轻人如果不以"如果您的孩子和我一样"作为攻心战术的话，他哪有今日的成就！

4.避实就虚，不动声色地解决难题

聪明的领导者，做任何事都进退有据，该退避的时候绝不会好勇斗狠，做莽夫之举。说话也是一样，聪明的领导者不会只逞口舌之利，而是寻找更合适的表达方式来解决棘手的问题。

退避有道是谨慎的领导者克服困难的妙招。即使陷于最困扰人的迷宫，他们也能用最优雅的方式使自己安然脱险，可谓一笑脱大难。你可以友善地说出相反的话，目的是要改变话题。最巧妙的办法是装作话题所指并非你而是别的什么人。

装糊涂，就是指对别人的话装作没有听到或没有听清楚，以便避实就虚、猛然出击地说辩方式。它的特点是：说辩的锋芒主要不在于传递何种信息，而是通过打击、转移对方地说辩兴致使之无法继续设置窘迫局面，而化干戈为玉帛，并能够寓辩于无形，不战而屈人之兵。在人际交往中，这种方式的使用场合很多。

①挽回"失言"所造成的尴尬局面

"马有失蹄，人有失言"，偶尔失言在语言交际中难免发生，但失言往往是许多矛盾发生和激化的根源。因此，挽回失言，在语言交际中是很有必要的。

例如：实习期间，一位实习生在黑板上刚写了几个字，学生中突然

有人叫起来："老师的字比我们李老师的字好看！"

真是语惊四座，稚嫩的学生哪能想到：此时坐在后排听课的班主任李老师是怎样的尴尬！对这位实习生来说，初上岗位，就碰到这般让人难堪的场面，的确使人头疼，以后怎样同这位班主任共度实习关呢？转过身来谦虚几句，行吗？不行！这位实习生灵机一动，装作没有听到，继续写了几个字，头也不回地说："不安安静静地看课文，是谁在下边大声喧哗！"

此语一出，使后排的李老师紧张尴尬的神情，顿时轻松多了，尴尬局面也随之消除了。

这里就是巧妙地运用装作不知道，避实就虚，即避开"称赞"这一实体，装作没有听清楚，而攻击"喧闹"这一虚象。既巧妙地告诉那位班主任"我"根本没有听到，又打击了那位学生的称赞兴致，避免了他误认为老师没有听见，再称赞几句从而再次造成尴尬局面。

②对付别人的诡辩

"事实胜于雄辩"，掌握充分的事实依据是战胜对手的有力法宝。但是令人遗憾的是，在许多情况下，面对巧舌如簧的人，总是让人难堪至极——明知对方是谬论，却又无法还击。

两位青年农民有一次去给玉米施肥时，因猪粪离庄稼远近而争执起来。甲说："猪粪离庄稼近，便于庄稼吸收，庄稼肯定长得快。"

乙说："让你这么一说，应该把庄稼种到猪圈里，一定长得更快。"

甲说："你这是不讲理。"

乙说："怎么不讲理？你不是说离猪粪近，庄稼爱长吗？"

这时，一位中年农民凑过来说："我看你们俩谁说得也不对。猪尾巴离粪最近，没见过猪尾巴长得有多长……"

一句话，使在场的人哈哈大笑。

中年农民似乎连常识也不懂了，可一语中的地点破了甲、乙两人的诡辩，更兼具强烈的幽默感。

③处理、制止别人的中伤、调侃

朋友之间虽然很要好，有时也会因开玩笑过头，而大动肝火，伤了和气。对于这种情况，不妨巧妙地运用"装作不知道"，给他一个丈二和尚摸不着头脑的怪问。

袁兵因身体肥胖，同班的赵强、王明"触景生情"，"冬瓜"长"冬瓜"短地做起"买卖"来，并时不时拿眼瞅袁兵，扮鬼脸。面对拿别人的生理"缺陷"来开过火的玩笑，实在让袁兵气愤。欲要制止，这是不打自招；如不管他，却又按捺不住心中的怒火。怎么办呢？

此时袁兵稳了稳躁动的情绪，缓缓地走过去，拍着二人的肩膀，轻言细语地问："赵强，听说你有 1.8 米高，恐怕没有吧。"接着又对王明道："你今天早上吃饭没有？"

听到这般温柔怪诞的问话，兴奋中的二人愣在当头，大眼望小眼，如堕五里雾中。全班同学沉寂了几秒钟，随即迸发出哄堂大笑，二人方明白被愚弄了，刚才有声有色的"买卖"，再也没有兴致继续下去。

④制止别人的挖苦、讽刺

挖苦、讽刺，都是一种用尖酸刻薄的语言，辛辣有力地去贬损、揶揄对方的行为，极易激怒对方。为避免大动肝火，两败俱伤，也可巧妙地运用装作没听明白的方式见机而行。

丈夫不停地抽烟，烟缸里已经有一大堆烟蒂了，大部分还在冒烟。

妻子惊呼："天啦！难道你找不到更好的自杀方式吗？"

妻子出于对丈夫的深切关怀，非常恼恨丈夫抽烟，把抽烟比作"自杀"，用语异常辛辣。作为男子汉的丈夫，虽然自知不对，但对于这样的挖苦，却是忍无可忍。如果直接反击，那也只有伤和气了。此时，不妨装作没有听明白："亲爱的，我正在抽烟思考这个问题。"

这样一个没好气地、似是而非的回答，令人啼笑皆非。丈夫也因为幽默了一次，心理获得了平衡而消了怒气，妻子已经发泄了自己的不满，已不太在乎丈夫听到没有，因此也不再言语。

⑤补救说话中的错漏、失误

进行即兴演讲，有时会出现这样的情况：演讲者自己也不知为什么，竟说出一句错话，而且马上就意识到了。怎么办呢？倘若遇上这种失误，演讲者不妨装作不知道，然后采用调整语意、改换语气等续接方式予以补救。只要反应敏捷，应变及时，就可以收到不露痕迹的纠错效果。例如，一位公司经理在开业庆典上发表即兴演讲，他这样强调纪律的重要性：公司是统一的整体，它有严格的规章制度，这是铁的纪律，每一个员工都必须自觉遵守。上班迟到、早退、闲聊、乱逛、办事推诿、拖沓、消极、懈怠，都是违反纪律的行为。我们允许这些现象的存在——就等于允许有人拆公司的台，我们能够这样做吗？

这位经理的反应力和应变力是很强的。当他意识到自己把本来想说的"我们决不允许这些现象的存在"一句话中"决不"二字漏掉之后，佯作不知，马上循着语言表达的逻辑思路，续补了一句揭示其后果的话，同时用一个反问句结束，增强了演讲的启发性和警示力。这样的续接补救，真可谓顺理成章，天衣无缝。

③ 守方求圆，做事要讲究方法的运用

一般人做事，常被自己的原则所束缚，但是，一个身为领导的人绝不可如此。在一些特殊的条件迫使下，你要达到某种目的，可能必须暂时违背你的原则。这并不是两难的选择，只要是通往罗马的大道，走其中哪一条不是都一样吗？

1. 给员工一个明确的目标

一名著名的长跑选手在夺冠后发出感慨："其实成功很简单，我将整个赛程分成若干段，每段设一个目标，我朝着目标不断地努力，就能发挥自己的潜力。"不知身为领导的你是否发觉，目标能够提高工作的效率。

所以，领导要想提高员工的工作效率，首要的原则就是告诉他们明确的工作目标，以及相应的要求。这样就可以防止出现浪费宝贵的资源做无用功的情况的出现。如果你不告诉你的员工你的期望是什么，而是希望他们自己去揣测理解，那么你就错了。因为，就算是再聪明的员工也不可能知道你全部的期望，除非你告诉他。通常，明确的目标可以引导你的部门向健康有序的方向发展。如果一个团队没有明确目标，那么团队就失去了合力；如果一个员工失去了明确目标，他就失去了前进的方向。

一些领导认为目标太具体没有必要，他们或许真的认为他的员工能够知道自己应该做什么，但是，这样的可能性是比较小的。你的员工会像捉迷藏似的去琢磨你的想法，然后他们的工作会变得五花八门。在管理层中缺乏明确的、让大家都理解的工作目标很容易造成团队管理的混乱。团队的目标明确需要你的认真思考，这个思考的过程可以使你的工作思路清晰、一贯。同时，把工作目标公之于众，可以大大增加每一个人的责任感，同时将会促进工作的完成。因此，如果你想让你的团队达到一个什么样的目标，那就立即把你的想法告诉你的员工，然后，大家向这个方向共同努力！

作为一个合格的领导，应当制定什么样的目标，应当怎样去制定目标呢？

首先，目标必须具体明确、简洁明了。制定的目标，特别是在交代员工任务时的目标，必须具体明确、简洁明了，这样做的目的是让所有参与团队工作的人不用解释都会明白。许多领导对此不太理解，甚至有些领导不明白他们的工作范围，不了解他们的产品售后服务的特性和团队的能力，所以他们制定的目标往往很冗长、模糊且不符合实际，其结果只能是让员工不知道自己应当做什么、如何做。实际上，一个很明显的结论就是：如果你把自己的目标列得很长，这就说明你对自己的工作还不太了解，对自己团队的工作目标还不太明确，在以后的具体实践过程中，你的精力也就可能被分散。简洁明了的目标可以使你的员工把目标铭记于心，激发团队的创新和奋斗精神，这是用其他方式都难以达到的效果。

其次，让每一个员工都有自己明确的工作目标，并帮助他们努力实现他们的目标。团队有团队的目标，员工有员工的目标，员工的目标应服从于团队的整体目标。有时候，员工自己目标的制定需要你的帮助和指导。在帮助员工制定和实现自己目标时，不要忘了激励，帮助你的员工制定和实现他们的目标可以很大的激发他们的工作热情。

最后，让全体员工参与团队目标的制定，要让每一个人都对如何适应目标的要求做出描述，每一个人也都可以对每一阶段的目标发表意见和看法。让员工参与目标的制定可以使他们知道自己应该做什么，怎样去做可以做得更好，用什么样的标准来衡量他们的工作质量。参与团队目标的制定可以使他们对自己工作职责有更深入的了解，并且真正地去负起责任来，这才是最好的管理方式。

严格执行你的目标，不要作弊。如果你不能严格按照你的标准行事，那么就算是再完美的标准也是没有意义的。领导可以根据员工的工作性质，经常性地和员工开展正式的、面对面的交流，察看一下员工工作目标的进展情况。

将团队目标和员工个人目标相结合。应该强化公司员工对部门或公司目标的制定，让员工根据个人情况和公司的整体目标来确定个人的目标，这样一直延伸到一级员工。同时，对员工个人取得的成就加以奖励，甚至可以在公司发展与个人回报之间确定一个分红协议。所以，如果领导能够重视员工对团队整体目标的理解，并将团队目标的实现与员工个人的利益及自身价值结合起来，就可以增强他们在工作中的满足感和成就感。

及时调整目标。如果团队的工作环境发生了很大的变化，这时可能会引起团队实现目标的条件恶化，整体目标的实现就可能受到影响，所以，面对这种情况，领导就应当及时地根据条件的变化来调整目标，否则，团队成员就会失去实现目标的信心，工作热情也会受到打击，将会对团队的任务造成很大的影响。

2.一定要千方百计留人才

在一个集体中，对领导者最有用的就是人才。因为他们的工作总是完成得那么出色，既让领导省心，又能为领导增添业绩，还能促进集体的发展与进步。正因为这样，领导总是希望自己身边能多几个人才。

人才虽好用，但也难留。他们有过人的本事，有杰出的才能，也就有更为广阔的发展空间。领导的重要职责之一，就是想办法在可能的范围内满足人才的要求，留住人才。

想留住人才，你就要多准备几套方案，多运用些方法，以做到让人才心甘情愿地留下来为你效力。

留住人才并不难，关键看你采用什么方法来满足人才的需求。以下是一些留住人才的方法。

①丰厚的报酬

在很多下属心目中，报酬可能会占有很重要的地位，以高报酬满足他们的要求，才有可能让他们留在集体内。

李光前是新加坡南益集团的创始人。他对聘用职员都实行高的报酬，在同类行业中报酬最高，同时，公司每年抽出20％的盈利作为该公司的年终分红，1950年，南益公司获利超5000万元，因而年终分红就达1000多万元，有的分公司的职员领到等于他们3～5年年薪总量的年终分红，少则也有数月月薪的分红。如此高的报酬使员工积极性得到了很大的发挥，保持了人才的稳定。

日本的松下幸之助曾说："员工有了安定的生活保障，才能发挥十二分的努力，勤勉工作。"有"精神教父"之称的松下，深深懂得精神的力量是以物质力量为后盾的，安定下属的生活，解除下属的后顾之忧，才是下属动力的永久源泉，也才能留住人才。领导者要不断改革工资制度，不断提高薪水。

1946年经营方针发表会上，松下向员工宣布："今年我一定实行高薪资、高效率制度。"

当时，松下电器处在战后最困难时期，但松下却把高工资放在首位，欲借高工资刺激劳动热情，创造效率。

1966年3月，松下电器取消"年功序列"工资制，公布实施"分类工作工资制"，建立了工种与工作能力相结合的工资体系，规定25岁以下的职工按不同年龄、26岁以上的职工按不同的工种，都定有最低保证工资。这种工资制，有利于调动积极性，同时也推动了工资总额的上涨。松下说：进行改革时，工资总额总是要增加3%～5%的。到70年代，松下电器员工平均工资超过了欧洲国家，工资的增长促进了效率的提高，同时也为松下的发展留住了大量人才，很少有员工辞职的。

②建立命运共同体

采用一定的制度，使下属个人与集体的发展紧密联系，从而留住人才。

杜邦集团有一套独特的留人制度。它采用分散股权的方法，使雇员效忠公司，他们不仅对公司的经理人员、中层管理人员分摊股票，而且允许并且鼓励普通雇员购买内部公司债券或股票；除利息和红利外，这些股票在5年内每年每股另加额外股息3美元作为雇主对雇员的特别分配。持有股票的员工自然要比股票市场上的投机商更持久关心杜邦未来的发展，自然对自己的工作会更努力。

在杜邦的管理中，始终对员工灌输着这样的思想："拥有股票就是所有者，劳资天然是一家。"显然，这种做法的收益是双重的：一是用小额股票把雇员绑在了公司上，乖乖地听任老板们的摆布；二是由此公司聚集起更多的资金。

受其影响，通过"股票所有权"，工人就能掌握生产资料的思想遍及美国。

杜邦公司利用这种建立"命运共同体"的方法有效地吸引了人才，留住了人才。让下属认识到自己是集体的主人，这样下属怎能不全身心地投入杜邦的事业呢？又怎能不使杜邦人才荟萃呢？

③委以重任

这是一个很重要的问题，下属被委以重任，就会使他有一种被认同感，自身价值得以实现，自然会留在集体内。

一般的做法是：当下属在某一职位得到充分锻炼，有能力承担更高职位时，就可赋予他新的职位。

三菱公司每年都进行一次人员评定，在评定中如果发现有特别突出优秀的员工，就会立即进行提拔，委以重任，如果过一年进行重新评定时，发现他在同类职务中还是很突出时，又会把他提高到更高职位，以发挥他的才能。

如此，使公司从内部保留住了很多人才。

④建立良好的福利制度

福利制度的建立，能使下属感到集体是真正想留住人才、重用人才的。如今，很多人选择工作时，都把是否有良好的福利制度作为考虑的重要因素之一。

新加坡南益集团自 1951 年开始实行"休养金"制度。该制度规定，南益公司员工每月从薪金中扣除 5%，公司则付出该员工月薪的 10%，存入银行的特别账户，后转入各员工的名下，使得员工退休后的生活有了保障。

南益公司还制定了"居者有其屋"的计划，即南益公司属下的每一位职员都拥有自己的房屋。公司以无息贷款的方式，把大约 3 年的薪金总额借给职工买房屋，房契的业主是公司的名字。然后，在每年的年终分红中，将该职员的分红扣除一半，作为偿还公司的房屋贷款，直到还清为止，此时公司才把房契移给该职员。

由于南益公司实行终身雇用制，职员待遇优惠，分红丰厚，而且"居者有其屋"，因而他们都成为南益公司的中坚分子，所以，在新加坡流传着这样一句话："没有人有本领挖走南益的职员。"

松下电器也有良好的福利制度。它的住宅制度保障了职工住宅问题，他的养老金制度使员工可在退休后安度晚年……这些制度都有效地留住了人才。

⑤多关心下属，与下属多交流

要留住人才，必须多关心下属，了解下属的生活，工作情况，尽量解决他们在生活、工作中遇到的困难。平时，要多与下属进行交流，了解他们心中的真实想法，摸准对方的脉搏，对症下药，满足其要求。

只有真正与下属打成一片，与下属达到共鸣，让下属感到为集体工作是为一个大家庭的发展，这才可能让下属有更大的忠诚感。

土光敏夫使东芝获得成功的秘诀是"重视人才的开发与活用。"在他70多岁高龄的时候，曾走遍东芝在全国的各公司、企业，有时甚至乘夜间火车亲临现场勘察，有时，即使是星期天，他也要到工厂去转转，与保卫人员和值班人员亲切交谈，从而与职工建立了深厚的感情。

他说："我非常喜欢和我的职工交往，无论哪种人我都喜欢与他交谈，因为从中我可以听到许多创造性语言，使我获得极大收益。"

例如，有一次，土光敏夫在前往东芝工厂路途中，正巧遇上倾盆大雨，他赶到工厂，下了车，不用雨伞，和站在雨中的职工们讲话，激励大家，并且反复地讲述"人是最宝贵的"道理。职工们很是感动，他们把土光敏夫围住，认真倾听着他的每一句话。炽热的语言把大家的心连到了一起，使他们忘记了自己是站在瓢泼大雨之中。激动的泪水从土光敏夫和员工们的眼里流了出来，其情其景，感人肺腑。

讲完话后，土光敏夫的身上早已湿透了。当他要乘车离去时，激动的员工们一下子把他的车围住了，他们一边敲着汽车的玻璃门，一边高喊道："社长，当心别感冒！保重好身体，更好地工作。你放心吧，我们一定要拼命地工作。"而对这一切，土光敏夫情不自禁地泪流满面，他被这些为了会社兴旺发达而拼搏的员工们的真诚所打动，他更加想到了自己的职责，更加热爱自己的职工。

在留住人才的方面，除了以上谈到的一些主要措施之外，领导者可根据自己的实际情况采取不同的措施，但不管采用什么样的方法，有几点要注意：

（1）提高领导自身的素质。要留住人才，除了应有的措施，领导也应提高自身方面的素质，以使下属对你信服，很难想象，一个不足以服众的领导能够让下属留下来甘心为你卖命。

（2）使下属跳槽的客观原因是多种多样的。因而平时一定要注意选择激励的手段，不能以一概全，以为下属不稳定的原因除了工资还是工资。

（3）对优秀人才要特别敏感，否则他另择高就，领导还蒙在鼓里，不能及时采取挽留措施。

3. 把你的目光从过程转向结果

对于作为领导的你来说，是完美的结果重要还是完美的过程重要？结果和过程有时并非兼容。正如战争中评价将军的标准不是杰出的战术而看究竟谁取得了胜利。

现在企业管理中，首先是确定目标，对目标的完成很重要，至于员工用什么方法解决，不要探究其过程。领导人不可能事事关心，对一些细小的事情，完全可以不管，要求属下去完成，只要有一个很好的结果，这就达到了领导的目的。

所谓的"结果导向"，就是设定可评估的目标，依设定的时间表提出阶段性的成果。葛洛夫不仅要求英特尔的每一位成员严守这项务实的原则，而且对他自己的要求更为严格。他曾写过一本书《高效率管理》（High Output Management），1983 年由兰登书屋（Random House）出版，主要就是在讨论如何令组织达成可预期的目标。

我们相信，这种以结果为导向的思考模式让英特尔务实而创新，无论在产品、制程或是服务，都能为客户带来最大的利益。创新的想法，往往在设定目标的过程中产生。

结果导向意味着英特尔所肯定的价值在于积极的目标、具体的结论与成果。要让每个人了解团队的方向，必须设定高目标，还要以量化的手法，务实地制定能够展现进度和成果的指标，这样一来，每个成员就能站在自己的岗位尽一己之力。英特尔是以"计划式管理"来推动结果导向的理念。每一个事业部、每一部门以至于每一个人，都必须为自己设定一季的目标，所有的目标设定都以公司的方向为指导原则。每一季结束之时，每个人为自己的成果评分。同时，也经由相同的步骤设定下一季的目标。

英特尔习惯于为各个组织设定那种乍看之下让人觉得无法达成的"高目标"。然后，葛洛夫再和相关的小组密切讨论，找出合理的目标，并且对市场的需求和公司的资源作合理的评估。1993年，英特尔订立PCI晶片组的业绩目标就是一个典型的例子。葛洛夫觉得英特尔能够把晶片组的业务提升到100万套；但是部门的总经理依照他的经验，预估当年的业绩是20万套。葛洛夫向他指出，PCI将会广泛地被业界接受，所以100万套的业绩并非天方夜谭。但是他提出了不同的看法，认为PCI的市场还需要一些时间才能架构起来。最后，一致同意，60万套是一个可接受的目标。经过一年的努力，在不停推动PCI规格与新产品之后，终于在年底达成了预定的目标。每个人都喜出望外。

第二年，同一个经理人、同样的团队，自发地提出了500万套的销售目标，这可是远超过葛洛夫的预期。而且，他们再次做到了！小组积极而自发地设定了高目标，并且实现了。

除了生产与业务之外，行销部门的产值就没有那么容易评估了。通常，大部分的公司都不去评估市场行销部门的产值，因为市场行销的成果很难量化。早期，英特尔是用"用以设计"来判定市场行销的成果。一旦一家公司投入资源，以英特尔微处理器展开设计，比如说购买英特尔的开发系统，英特尔就认定这是一个"用以设计"，因为客户投入资金和人员，相当于对英特尔的一种承诺。一旦厂商采用英特尔的系统来设计，在产品量产之后自然会转化为订单，变成可见的业绩。在80年代推动"致胜"计划时，英特尔每周检讨"用以设计"的状况，随着数量节节上升，英特尔知道"致胜"计划奏效了。当英特尔推动"Intel Inside"媒体计划时，英特尔以市场的曝光率和使用者的喜好度作为成果的指标。英特尔直接搜集世界各地使用者的意见，这是使用者对英特尔最直接的评分。随着指数上升，葛洛夫相信"Intel Inside"逐步达成了原先期望的市场效果。

对开发产品的设计部门而言，产品是否能及时上市，就是最好的指标。评估的标准可以是由制定规格直到量产的种种阶段，或者是由送样到出货一百万个所需的时间。英特尔最早期的成就是486D2X晶片，从完成样品到100万个晶片出货，只用了52周的时间。后来，英特尔更是一次又一次地打破这个纪录。

英特尔的故事告诉今天的领导者："结果远比过程更加重要"。领导要把目光从过程转向结果，尤其对于杰出的下属，不必对他怎样去做过分干扰，关键是看他做出了什么。

4. 及时化解员工的不满情绪

人的欲望是无止境的，当员工的要求得不到满足，就会产生不满情绪。即便领导再努力，也很难使手下的每个员工都感到满意。

员工不满情绪产生的诱因有：认为自己所得的报酬太低，晋升太慢；受到领导或同事的不公正对待；福利较差；工作条件不好；反映的意见或合理化建议得不到领导的重视；从事的工作不能充分发挥自己的潜能，实现自己的价值，人际关系不协调；工作时间太长，工作太累；管理机构官僚作风严重；职工食堂伙食太差等。

员工产生不满情绪的原因很多，但后果却只有一个，那就是工作效率的下降。一旦员工对企业产生了不满情绪，就必然会通过一定的方式发泄自己的不满，如抱怨、发牢骚、消极怠工，直至辞去工作离开企业，所有这些现象的发生都会给企业带来损失。所以，在处理企业内部出现的相关问题之前，首先应当深入调查研究，找到员工产生不满情绪的真正原因，消除员工的不满。这就需要领导认真听取员工的意见，允许畅所欲言，并针对不同的情况给予解释和处理。如果领导能够认真负责、公正平等地对待员工的意见，在大多数情况下，员工的不满就可以消失在开诚布公的交流之中。

当有必要对员工违反纪律的现象采取纪律措施时，有关部门应有令必行，不可一味姑息。否则企业的制度就会形同虚设，管理就会失去权威。对为企业作出贡献的员工，应当及时地给予奖励，以树立榜样，调动全体员工的积极性。

处理好员工的不满情绪能够提高员工工作满意度，加强员工之间的沟通和信任，提高组织凝聚力和士气，倾听是消除员工不满情绪的妙方。

在日常工作中，员工遇到不如意的事情容易对周围的人和环境产生不满。员工积累的不满需要发泄，最好的方法是"让他说"，让他把心中的怨恨发泄出来，以消除他心中的烦恼和不满。

用语言发泄不满时，还要有人"倾听"，摩托罗拉公司就用交谈、座谈会等方式来倾听员工的声音，并取得了惊人的效果。他们发现，不满和抱怨是一件积压很久的事，如果员工随时都有与管理者平等对话的机会，任何潜在的不满和抱怨，就都因此在爆发之前被解决了。

由此可见，领导应当学会倾听，这是消除员工不满情绪的最佳润滑剂。作为领导倾听员工意见时应该做到以下几点：

①诚恳、认真倾听的态度可以减少员工的不满。当你来不及倾听意见时应及时对部属表示歉意。

②要善于表示同情与理解。同情和理解会拉近彼此的距离，同时也是消除对方不满的最佳调和剂。

③适当地提问和做笔记可使对方真切地感受到你的关心，还可以引导员工对问题症结进行具体分析。

④得体手势、表情等非语言的表达也会使对方感到受到尊重。

除了对员工的不满倾听外，还要对集中的意见采取改正措施。并张贴布告或者集会宣布等形式广而告之这样才能平息不满情绪。

总之，倾听是一门艺术，如果领导善于倾听，那么企业内部的协调系统必能进入良性循环，一个和谐、有凝聚力的企业必能为每一个员工创造最好的工作环境，而发泄了不满情绪的员工依然会能给企业带来回报。

人的积极情绪和消极情绪是同一个硬币的两面，如果不让消极者露面，积极者也就难以"浮出水面"，或者即使是显现出来，也难以长久。

但在现实的组织中，从上到下几乎已经达成高度的默契：积极地投入工作，不要将负面的情绪带到工作中。对领导要笑脸相迎，对同事要随和相处。如果将不满表现出来，小心"吃不了兜着走"，至少也是幼稚和不成熟的表现。组织试图将一个完整的人分割开来，工作的时候，人最好只有理性，没有情感；更为苛刻的要求是对工作充满热情，但不能有任何别的情绪。但事实是，情绪问题从来没有真正从组织中消失。而且，由于组织有意无意地压抑或回避这个问题，从而没有为其提供正常的渠道，使得不满情绪一旦暴露就具有很大的破坏力。那些隐藏着的负面情绪并不会消失，而是悄悄地、慢慢地侵蚀着组织的机体。背后地发牢骚，说怪话，传谣言，暗中挖墙脚、使绊子等就成了这种"能量"发泄的主要方式。凡是在背后进行的东西，往往会被主观上夸大，从而使误解丛生，相互间的信任感被破坏。最终是组织的凝聚力、士气和共有价值观遭到削弱和破坏。

作为领导要时刻关心员工，想他们之所想，急他们之所急，及时化解员工的不满情绪，才能保证整个组织随时以最高的效率去运转。

4 能方能圆,方方圆圆就是你

立世之本,乃一方一圆。方不可守,圆不可攻,要想能守能攻,就要有既可为方,又可为圆的本事。生存在这个世界上的生物,都是既在改变环境,又在改变自己。冥冥中自有真理,能方能圆就是居于领导之位的生存法则,从之则昌,逆之则亡。

1. 人性化的管理使你更得人缘

采用何种方式来领导下属是每一位领导所面临的选择,这种选择与工作需要和领导本人性格有很大关系。

其中最常见的一种不良方法就是扮演独裁者。

独裁者的每一个决定,都不会征求相关人士的意见。他不接受部属的意见,基本原因是害怕部属是对的,会伤他的面子或破坏他的形象。独裁者通常都维持不了多久,因为他的部属羽毛未丰时会暂时屈服,但是他们很快就感到不耐烦;优秀的人员也会远走高飞,留下来的大部分是二流角色,更会相互影响,不做正事。这时员工素质明显降低,处理事情更不顺手,甚至可能联合起来反抗,结果使公司的组织功能无法顺利发挥。此时，独裁者不得不严密防范能力比他强的人，企图挽回颓势，如此上下夹攻，愈演愈激烈，最后一发不可收。

第二种领导方式是那种铁面无私、不通人情的刻板方式。这种领导人处理任何一件事情，都要引经据典。他并不了解每一个政策都只是一般情况的标准而已。最糟糕的是这种领导人都把别人看成机器，而人们最不喜欢的事情就是被看成机器。那些铁面无私、没有感情的效率专家并不是理想的领导者，因为帮他工作的那些"机器"只能发挥出一小部分潜能而已。

真正卓越的领导人则使用第三种所谓"人性化管理"的方式。

约翰是一家铝器工厂开发部的主管。约翰先生使用"人性化管理"的技术非常高明，他自己也受益甚多。他在许多细微的做法与行动上都明显地表现出："你是个很理智的人，我很佩服你。我在这里是想尽力帮你的忙。"

当一个远道来的新员工初进他的部门时，他会想到这个人离乡背井、出外工作可能遇到的不便，尽量帮他找一个住处。

他还请秘书和两个女职员帮忙，适时地在上班时间替员工举办生日舞会。这件事所花的"30分钟左右"的时间不是浪费，反而是加强员工向心力的有利投资。

当他知道某某人信奉那种信徒比较少的宗教时，他还会尽量为他安排，使他能参加该宗教的节日，因为那些宗教节日时常跟普通假日不一致。

当员工本人或家属生病时，他会抽空去探望，并且夸奖他们各种业余的成就。

约翰"人性化管理"法的优越性，可以从他辞退一个员工的事上显示出来。他前任主管所聘用的一个员工是个"呆人",对工作缺乏兴趣和能力。约翰要辞退这个员工,但他没有利用老一套,把员工叫进办公室告诉他已经被辞退的坏消息,接着要他在 15 天或 30 天内办理移交手续。他出人意料地采取一些合理的做法把事情办得漂漂亮亮,让人心服口服。他首先解释,找一个新工作以便发挥"适才适所"的目的,对这位员工更有利,然后陪同该员工一起到一个很有名的职业咨询专家那里征求意见,接着又安排他跟别的公司的主管面谈,当然,这些公司都是必须用到该员工专业技术的公司。结果在"辞退会谈"之后的第 18 天,该员工就找到一个称心的新工作。

约翰解释说:"主管应该爱护手下每一个人。我们有责任不聘用这些无法胜任的人,但既然已经聘用了,至少也要帮他找一条出路才对。"

"任何一个人,"约翰先生继续说,"都能轻易地聘用其他人,但是对于领导人真正的考验是'如何辞退员工'。在员工离开之前,帮他找到另一个工作的做法,会使所有的员工真正感觉到'他的工作很有保障',我用这个例子让他们知道:'只要有我在,不愁没饭吃。'"

人性化的管理可以使员工即使对领导有意见,也不会在私下批评他。这种领导能够得到部属忠诚不二的拥护。而且,由于他使下属获得最大的工作保障,他本人也因而获得最大的工作保障。

2. 善于帮下属解决工作中的难题

作为领导,取得员工的信服至关重要。纵观那些取得了巨大成功的企业,尽管其开始时的规模大小不一,但无一不是有一位令员工信服的强有力的领导。

人们对于比自己强的人总是敬佩有加。领导在工作能力上一定要赢得下属的认可，在下属遇到难题的时候，身为领导者要主动帮助他们解决。在这一点上，日本东芝公司的土光敏夫就做得非常出色。

东芝公司是世界上有名的大企业，它除了产品具有较强的竞争力之外，在营销工作中也是高招迭出。所以，业务发展迅速。

有一次，该公司的董事长土光敏夫听业务员反映，公司有一笔生意怎么也做不成，主要是因为买方的课长经常外出，多次登门拜访他都扑了空。土光敏夫听了情况后，沉思了一会儿，然后说："啊！请不要泄气，待我上门试试。"

业务员听到董事长要"御驾亲征"，不觉吃了一惊。一是担心董事长不相信自己的真实反映；二是担心董事长亲自上门推销，万一又碰不上那企业的课长，岂不是太丢一家大企业董事长的脸！那业务员越想越怕，急忙劝说："董事长，不必您亲自为这些具体小事操心，我多跑几趟总会碰上那位课长的。"

业务员没有理解董事长的想法。土光敏夫第二天真的亲自来到那位课长的办公室，但仍没有见到课长。事实上，这是土光敏夫预料中之事。他没有因此而告辞，而是坐在那里等候，等了老半天，那位课长回来了。当他看了土光敏夫的名片后，慌忙说："对不起，对不起，让您久候了。"土光敏夫毫无不悦之色，相反微笑说："贵公司生意兴隆，我应该等候。"

那位课长明知自己企业的交易额不算多，只不过几十万日元，而堂堂的东芝公司董事长亲自上门进行洽谈，觉得赏光不少，故很快就谈成了这笔交易。最后，这位课长热切地握着土光敏夫的手说："下次，本公司无论如何一定买东芝的产品，但惟一的条件是董事长不必亲自来。"

随同土光敏夫前往洽谈的业务员，目睹此情此景，深受教育。

土光敏夫此举不仅做成了生意，而且以他坦诚的态度赢得了顾客。此外，他这种耐心而巧妙的营销技术，对本企业的广大员工是最好的教育和启迪。东芝公司在土光敏夫的带动下，营销活动十分活跃，公司的信誉大增，生意兴隆发达。

由此可以看出，领导帮下属解决难题，不仅减少了企业发展的障碍，更能提高领导的形象，使下属更加信服你。

3. 在批评的同时巧妙树威

在高明的领导看来，权力的每一次运用过程，都不应只是因事而行的常事，而应该当作是一次个人权威形象的塑造过程，即使在批评员工时也不例外。

批评是权力运用的主要形式，批评手段的运用成功与否是领导权威的最直接体现。有一次，美国总统卡尔文·柯立芝的一位朋友，应邀到白宫去度周末，当他走进总统的私人办公室时，正巧碰上总统在批评女秘书："你今天穿的这件衣服真漂亮，你真是一位迷人的年轻小姐"听到总统的赞赏，那位女孩子满脸通红，不知所措，接着，柯立芝又说："你很高兴，是吗？我说的是真话。不过，另一方面，我希望你以后对标点符号稍加注意一些，让你打的文件跟你的衣服一样漂亮。"此后，这个女孩的工作十分努力，总统的批评收到了极好的效果。

由此可见，作为领导者普遍性行为，批评是领导推动工作的重要手段。批评的方式方法很多，且包含着很强的灵活性。领导高明的批评，能给人以美感，使人接受批评中传输的情感和真理，受到深刻的教育。

因此，领导在运用手中权力批评下属时，理应方圆并用。

很多领导在工作中采用直截了当的批评方式，不管是公开批评，还是个别批评，都直接地批评错误者的过失言行。这种方式是有效的，也是主要的。作为补充，在一些比较特殊的情况下，可以变通批评的方式，采取一些比较灵活的方法，这会收到更为显著的效果。

有的领导善于采用启发式批评，一般在发生了带有普遍性的或倾向性的问题时，不说不行，直接去说又可能引出问题，所以不得不在公开场合以这种方式批评。它的好处是，不伤人的自尊心，对人的压力也不是很大。但是应该注意，批评集体的问题一般不会产生负效应，但批评个人，最好不用这种方式。因为虽然只是讲道理，但毕竟是一种公开批评。一次还好，人家会认为是给他留了面子；如果还有二次，他就可能要想：你干什么有话不直接说，老是在会上含沙射影。

在错误、失误出现以后，当事者已经感到问题的严重性，在这种情况下，着重说明错误、失误的客观原因，并告之已经或将向上级或有关人员说明情况，使其放下包袱。有时候，在只有领导和当事者两个人，或很少有人知道错误情况的时候，在公开批评之时，有意减轻错误或隐去某些情节，而着重讲明造成错误的客观原因，这也是一种方法。自然，错误出现的主观因素不能回避，在公开场合可用"希望"之语提出改正意见，在私下场合则可诚恳指出。实践证明，对有上进心、有自觉性的人在非原则问题上，在非关键部位、环节上出现错误，采用这种方式是可行的。

领导采用实际行动，有时会收到更好的效果。1980年中、日、美女排邀请赛在上海打最后一场比赛。中国对日本三局都是反败为胜，第三局是 9 : 14 挽回。袁伟民留下队员在赛场补练到夜里 12 点，而在队员们下榻的旅馆里，正有许多队员的亲朋好友翘首等待，袁伟民不但没给这个人情，而且于第二天下午率队返京，连在上海休息、游玩的时间也没给。

美国的麦当劳快餐店创始人雷·克罗克，因发现许多基层快餐店经理老坐在办公室里，而发布了把所有经理的椅背锯掉的命令，这在西方也被叫做"象征管理"。这种方式不能轻易采用，只是对高凝聚的集体或有一定自我约束力的个人采用有较好的效果。它充分表达领导的意志，有很强的震动力，也是一种强化剂，实际上是以心理压力求取效果，有时在关键时刻很起作用，可以促使人们以更高目标要求自己，增强战胜困难的勇气。而对一般性的，尤其是意识、心理状况都较差的集体或个人则要慎重，它常被人称之为"惩罚"。有的领导想用这种方式好好教育一下犯错误者，却造成了强烈的对立情绪，这是要避免的。

批评员工，是领导借以树威的好时机，只要方法得当，就不难批评和树威两者兼得。

4. 对下属的宽容要有一定的"度"

领导对下属有一定的宽容的确有利于团结。但宽容的同时，领导也要懂得批评的意义与作用。如果领导只是一味地用宽容来对待下属，让下属摸清了你的脾气，那么，他们只会有恃无恐，其工作必然问题成堆。

一个领导不能总做个"老好人"，有时你必须进行必要的批评以加强纪律。如果做不到这一点，同样的过错还会再次发生。

有些领导者从来不对部属提出批评。部属工作做不好，他宁可自己去做，也不愿意指出他们的不足；部属犯了错误，他睁一只眼闭一只眼，装作没有看见；部属顶撞、打横、拒不执行上级的指示，他急得直打转，也不说一个字，等等。之所以如此，主要有以下几个原因：

第一，领导缺乏能力，或者是业务技能不过硬，心里发虚，不敢理直气壮地提出批评，怕部属有意见，在业务上拿一把，自己无能为力。因此，只好极力迁就，甚至不惜逢迎、恭维他们，失掉了一个领导者的身份。

第二，怕得罪人。这种人的性格比较软弱，怕部属不服气，顶撞自己，下不来台；怕被批评者有成见，对自己不利。他们的宗旨是"多栽花、少栽刺"。他们的真实思想是"工作好坏是公家的，有了意见是自己的"，所以不求有功，但求相安无事、息事宁人。

第三，有些人出于好心，怕批评伤害部属的自尊心，因此对部属只是哄着干。这种人属于"老奶奶"型，和蔼可亲，婆婆妈妈，虽能和部属"和平共处"，但在部属内心缺乏足够的威信。这种作风往往助长了某些错误行为的泛滥。

第四，有些人是非不清，对部属工作的优劣好坏心中无数。部属的行为已发展到危害集体、影响企业目标完成的程度，他仍视而不见，听而不闻，更不采取积极措施加以解决。也有人对部属偏听偏信，对他们的错误不能及时发现纠正。

部属的缺点错误得不到及时制止和纠正，有缺点、错误的人还自以为是，有恃无恐，继续坚持和发展下去。大家对此肯定看不惯，但因无能为力而产生压抑感，积极性受到挫伤。因此，员工对领导者不仅不尊重，反而对他的姑息迁就产生不满，领导者的威信越来越低。

从上述情况可以看出，作为一个组织领导者，如果不能恰当地运用批评的手段来纠正部属的错误，便是没有尽到领导者的责任。从领导的职能来看，不敢批评部属的人，其实是没有当领导者的资格的。从个人能力来说，身为组织领导者，必须具有批评部属的自信和勇气，具备发现、纠正部属的错误并使之能够积极向上的能力。只有具备这样的素质，才能取得工作的高效率和高质量，从而才能保证达到组织的目标。

但是，也应该看到，批评是一种相当难以运用的领导艺术。批评就好像是在别人身上动手术，出了偏差就会伤人。作为企业领导者，就像医生一样，由于职务上的需要，不要因为批评难就不批评，而要努力地研究这门艺术，使之发挥卓有成效的作用。

正确地使用批评，抱着治病救人、与人为善的态度去批评，从理解下属的真情实感出发去批评，批评就能起到其他方式不能起到的作用。组织内部不但不会有冲突，反而会出现真正的和谐。

二忌

用人而不知人

要明白知人才能善任的道理

◇◇◇◇

领导者要会用人，局面越大，需要的人越多，用人的重要性就越突出。会用人的领导好比一位弈棋的高手，摆弄好几个重要的棋子则满盘皆活。用人的学问很深奥，抓住了知人这个关键点，等于抓住了用人之道的七寸。知人才能善任，不知人导致的用人不当，不仅会搅乱领导者苦心经营的局面，甚至会危及领导者自身，自古至今，这样的教训都是深刻的。

① 知人靠眼，用"火眼金睛"辨贤愚

《西游记》中赴西天取经的四师徒，唐三藏肉眼不识妖魔，沙和尚毫无主见，猪八戒更是浑人一个。师徒四人最终能修成正果，全凭孙悟空用一双火眼金睛看破端倪，遇仙拜仙，遇妖除妖。身为领导，你也必须练就对人一目了然的本事。没有慧眼，想把人看得清清楚楚、明明白白、真真切切，无异于痴人说梦。

1. 练就一双识人的"火眼金睛"

人们常常把能独具慧眼，力排众议选拔人才的领导比喻为伯乐。这些领导也没有什么特别，只不过练就了一双识人的"火眼金睛"。

领导针对某一项工作或某一个职务判定与识别某人能不能胜任时，理应进行全面分析，特别在以下几个方面：

①研究此人对什么工作做出过成绩？

②此人还可能对什么工作做出成绩？

③为了充分发挥其长处，此人应该再多学些什么？

④如果有子女，是否愿意让自己的子女在手下工作？

⑤如果愿意是为什么？如果不愿意又是为什么？前三个问题是以当事人的长处为重心，决定其能做什么。而后面的几个问题决定他是不是一位起表率作用的上级。通过这样的考虑与研究，把此人用到合适的工作岗位上，使他人尽其才。

任何一个企业的发展都离不开人才，如何识别人才——招聘到合适的员工；如何用好人才——合适的人用到适当的岗位。这是一项异常艰巨的任务，常用各种测评的方法来辅助对人才识别。俗话说用人要尽其能，如果不是这样，再好的人才也是一种浪费，只能像假花一样起到养眼的作用。识别难，用好更难，这其中涉及企业文化、价值观和用人理念的方方面面。

老子说："识人者智，自识者明。"因而所谓明智，在中国古人那里也应当是明先于智、高于智。领导选聘人才应该注意考察解决实际问题的能力，而不是被一些表面的东西所迷惑。智慧在任何时候都是至关重要的。知识和经验可以启发智慧，而代替不了智慧。专家与学院选派人才如果能够解决实际问题才能成为我们所用的人才。所以，考核时应偏重智慧因素和解决实际问题的能力。通过模拟的实际情景来观察应聘者的智慧和应变能力，是很多优秀公司的普遍做法。

在某跨国公司的面试中有这样一个问题："下水道的井盖为什么是圆的？"让我们看看应试者是如何巧妙地回答这一问题的。

面试官：现在我们要问一个问题，看看你的创造性思维能力。不要想得太多，运用日常生活中的常识，描述一下你的想法。这个问题是，下水道的井盖为什么是圆的？

范曼：它们并不都是圆的，有些是方的，的确有些圆井盖，但我也看过方的、长方的。

面试官：不过我们只考虑圆形的井盖，它们为什么是圆的？

范曼：如果我们只考虑圆的，那么它们自然是圆的。

面试官：我的意思是，为什么会存在圆的井盖？把井盖设计成圆形的有什么特殊的意义吗？

范曼：是有特殊意义，当需要覆盖的洞是圆形时，通常盖子就是圆的。用一个圆形的盖子盖一个圆形的洞，这是最简单的办法。

面试官：你能想到一个圆形的井盖比方形的井盖有哪些优点吗？

范曼：在回答这个问题之前，我们先看看盖子下面是什么。盖子下面的洞是圆的，因为圆柱形最能承受周围土地的压力。而且，下水道出孔要留出足够一个人通过的空间，而一个顺着梯子爬下去的人的横截面基本是圆的，所以圆形自然而然地成为下水道出入孔的形状。圆形的井盖只是为了覆盖圆形的洞口。

面试官：你认为存在安全方面的考虑吗？我的意思是，方形的井盖会不会掉进去，因此造成人身伤害？

范曼：不大可能。有时在一些方形洞口上也会看到方形的盖子。这种盖子比入口大，周围有横档，通常这种盖子是金属质地，非常重。我们可以想象一下，1米宽的方形洞口，3～4厘米宽的横档。为了让井盖掉进去，需要抬起一端，然后旋转30度，这样它就不受横档的妨碍了，然后再将井盖与地平线成45度角，这时转移的重心才足以让井盖掉下去。是的，方形的井盖的确存在掉下去的可能，但可能性很小，只要对负责开井盖的人稍加培训，他就不会犯这样的错误。从工程学来看，井盖的形状完全取决于它要覆盖的洞口的形状。

面试官：（面有难色）我要与管理层谈点事情。（离开了房间）

10分钟后，面试官回来了。

面试官：我们推荐你立刻去推销部工作。

在现代社会中，留下最优秀的人才是企业发展的硬道理。也是领导的职责之一。所以，身为领导必须练就一双识别人才的"火眼金睛"。

2. 对真正的人才青睐有加

真正的人才面临困局是很容易崭露头角的。而他们的成长又往往为世俗的力量所阻。领导者必须把眼光放在这些成长中的人才身上，尽自己的力量帮助他们，一起为共同的事业而努力。南宋时的抗金名将，民族英雄岳飞就是在老将宗泽的青睐有加下迅速成长的。

靖康元年（1126），金军入侵中原，直趋北宋京都东京（今河南开封），北宋皇帝宋钦宗便封康王赵构为兵马大元帅，封抗金名将宗泽为副元帅，并令他们带兵入援京师。赵构部下刘浩在相州招募兵士，于是，岳飞便投靠刘浩军队，并很快被提拔成为一名下级军官。

靖康二年（1127），宗泽率领部队转战开德府，接连同金军大战13次，均都取得了胜利。在一次两军对阵交战过程中，岳飞见金军两个旗手在阵前摇旗呐喊，鼓动厮杀，便立即弯弓搭箭，两发两中，人倒旗落。顷刻间，敌军乱成一团，岳飞率军乘势发起攻击，金军死伤无数，溃败而逃，岳飞获胜，并缴获了大量兵器。不久，宗泽又率领部队分兵北上。岳飞所率一部在北上途中与金军在曹州（今山东菏泽）相遇。金军凶猛扑来，岳飞身先士卒，冲锋陷阵，与金军展开激战。由于岳飞英勇顽强，指挥得力，士卒个个拼命同敌战斗，最后大获全胜。

经过开德、曹州两次大战的胜利，宗泽对岳飞的英勇善战非常钦佩。有一次，宗泽把岳飞召去说："你的英勇与智谋，武艺与才气，就是古代的良将也不能超过你，但是只擅长野战，还不是万全之计。"宗泽非常喜爱岳飞的才华，因此，有意对其栽培，使其了解、精通更多的作战方法，于是便送给岳飞一张作战的阵图。岳飞接过阵图仔细看了以后，便对宗泽说："古今时代不同，平地和山险不同，怎么能用一定的阵图用兵？"宗泽反问道："像你这样讲，阵法岂不是没有作用了？"岳飞回答说："列阵而后战，乃兵家的常规，但其运用之妙，却存乎一心。"宗泽听了岳飞的议论，心中十分佩服，认为岳飞是一个很了不起的人才。

南宋建立后，岳飞向皇帝宋高宗赵构多次上书，要求北上抗金。但是，宋高宗却认为岳飞官小职微，越职上奏，便把他革职。然而，岳飞抗金报国之心毫不动摇，于是便投奔张所，被任为武经郎，充中军统领，在都统制王彦部下当偏裨将。岳飞随同王彦渡过黄河抗金，因为岳飞同王彦的意见有分歧，便脱离了王彦去投奔宗泽。这时，宗泽已调任东京留守。岳飞到东京后还未见到宗泽，就被王彦的部下捉住，正当王彦要按军法处斩岳飞时，宗泽正好赶来，并发现王彦将要处斩的人就是在开德、曹州大捷中建立奇功的岳飞，立即让王彦将其当场释放，并留军前听用。不久，抗金前线传来急报，说金军又要进攻汜水关（今河南汜水镇西），宗泽立即命令岳飞率 500 名骑兵出征迎敌。岳飞接受命令后星夜兼程赶到前线，他身先士卒，英勇善战，奋力杀敌，经过激战，大败金军，胜利而归。宗泽立即擢升岳飞为统制官，成为统率千军万马的高级将领。

宗泽慧眼识奇才，而岳飞没有辜负宗泽的提挈与期望，建立了抗金的奇功异勋。宗泽去世后，岳飞随从杜充南下。建炎三年（1129），金兀术率金兵渡江南侵，杜充弃城投降金兵。岳飞在广德、宜兴一带坚持抵抗。次年，金军被迫北撤。岳飞乘机率军袭击金军后队，收复建康（今南京），并被提升为通泰镇抚使。绍兴二年（1132），任承宣使、湖北路、荆、襄、潭州制置使，屯鄂州（今武昌）。他率领的军队纪律严明，战斗力强，有"撼山易，撼岳家军难"之说，为金兵闻风丧胆。

同为抗金名将，历史上岳飞的名声远远超过宗泽。但若无宗泽这个老领导的提携，岳飞恐怕不一定有施展才华的机会。

3. 看清下属的"长处"与"短处"

看清一个人才能用好一个人。很多领导者都感叹：可用之人太少了！不过，在埋怨下属无能之前，身为领导的你，对下属的"长处"和"短处"都看清楚了吗？

很多人，在成功之前并没有先天的征兆，他们的长处被短处掩盖，甚至还有人被误认为"刁民"。

2002年全国销售冠军、现宅急送公司北京分公司营销部经理梁巍，刚进宅急送时，只是个不能胜任本职工作的客户服务人员……

其实，任何人都有优点和缺点，如何看待一个人的优缺点，尽管有客观的评判标准，但与观察者看人的角度也有相当的关系。如果用灰暗的心理看人，从人的短处着眼，那么看到的自然是缺点多于优点，短处多于长处，如果换个角度，用积极的眼光看人，从人的长处着眼，那么所能看到的一定是优点多于缺点，长处多于短处。对于一个高明的领导来说，应善于挖掘部属的优点，激发他们的才智，为我所用。

事实上，人各有所长亦各有所短，领导用人，应先看其长，后看其短，要扬长避短。

马谡被斩，是三国时期诸葛亮舍长就短用才酿成的一个悲剧。史称马谡"才器过人，好论军计"是个非常好的参谋、幕佐之才，诸葛亮却弃其所长，用其所短，偏偏派他去带兵镇守街亭，与魏兵对阵，最后招致惨败。

作为一名领导，如果学会多看多用下属的长处，创造良好的条件让他得到充分的发挥，那么他的日益增长的长处优势就会抵消短处的影响，或者填补短处的缺陷，进而实现自身的价值；如果从下属的短处着眼，就会使他的长处被短处否定和淹没，不能发挥其优势，甚至断送了他的前程。因此，看下属应首先看他能胜任什么工作，而不是绞尽脑汁挑其毛病。

"水至清则无鱼"。用人识才也是如此。在用人所长的同时，要能容其所短。宅急送公司天津分公司业务部现任经理陈宗云初中还没毕业，领导没盯着他的文化程度这个短处看，而是发挥他聪明好学，爱钻研业务的长处，使他成长为一名优秀的基层业务管理干部。

人在工作中表现出的主要有两个方面：一是人本身素质的不擅长之处；二是人所犯的某些过错。在完成业绩的过程中，由于种种意想不到的原因，下属任务完成得不好，或出现失误是常有的事，领导不必大惊小怪。千万不要一出现失误，就按捺不住自己的情绪，指责下属，不给予丝毫的安慰和帮助。这样非但不能解决问题，反而会冷了下属的心，甚至会滋长下属的叛逆心理。相反，作为一名领导，若能以敏锐的目光发现下属的长处并加以欣赏，并合理利用，那么下属就会因受人欣赏，而倍感振奋，除了愉快地完成领导交付的任务外，更能贡献他的聪明才智。

即使自己再能干，能做的事情终归是有限的，即使你才华横溢，也无法胜任所有的事情，惟有知人善任的领导，才能带领团队完成超过自己能力的事情。下属成长了，团队成长了，领导自然也成长了。

下属的"长处"固然可用，领导若充分看清下属的"短处"，在特别的工作中善用下属的这些"短处"，那更能发挥他们的价值。

美国柯达公司在生产照相感光材料时，需要工人在没有光线的暗室里操作，因此培训一名熟练工人需要花很多时间。但公司发现，盲人可以在暗室里活动自如，只要稍加培训就能上岗，而且他们的活儿要比正常人精细得多。柯达公司从此以后就大量招用盲人从事感光材料的制作。

松下幸之助说，每一个人都有自己的缺点和优点。十全十美的人固然没有，一无是处的人也不会存在，身为一名管理者，如果总觉得下属这里不行，那里不好，以"鸡蛋里挑骨头"的态度来观察下属，不但下属做不好事，久而久之，你就会发现周围没有一个可用的人了，当你要委派任务时，一定会觉得不放心而犹豫不决。

对于短处。许多人的态度只是"容忍"，而不是去利用。是"容忍"还是"利用"，其结果是截然不同的。

在深圳有一家涂料公司。公司对全体员工进行了性格测评，但公司不是根据优点来安排工作，而是按每个人的短处来安排工作。譬如让爱吹毛求疵的人当质检员，让争强好胜的人去抓生产，让好出风头的个去搞市场公关，让斤斤计较的人去管仓库等等。

一个人的短处是可怕的，仅仅"容忍"还不够。"短处"是工作中潜在的炸弹。对领导来说，最明智的办法是利用"短处"，这样才有可能最大限度地减少危害，"容人之长，用人之短"，可以保证人尽其才。

4. 切忌以貌取人

领导看人是用其才而非选美，千万不能以貌取人。诚然，通过相貌和表情来了解人，是"识人"的一种辅助手段。但是，领导若把它绝对化，把"识人"变成以貌取人，就会错识人才，乃至最终失去人才。

三国时，东吴的国君孙权号称是善识人才的明君，但却曾"相马失于瘦、遂遗千里足"。周瑜死后，鲁肃向孙权力荐庞统。孙权听后先是大喜，但见面后却心中不悦。因为庞统生得浓眉掀鼻、黑面短髯、形容古怪，加之庞统不推崇孙权一向器重的周瑜，孙权便错误地认为庞统只不过是一介狂士，没什么大用。于是，鲁肃提醒孙权，庞统在赤壁大战时曾献连环计，立下奇功，以期说服孙权，而孙权却固执己见，最终把庞统从江南逼走。鲁肃见事已至此，转而把庞统推荐给刘备。谁知，爱才心切的刘备，也犯了同样的错误。他见庞统相貌丑陋，心中也不高兴，只让他当了个小小的县令。有匡世之才的庞统，只因相貌长得不俊，竟然几处遭到冷落，报国无门，不得重用。后来，还是张飞了解了他的真才后极力举荐，刘备才委以副军师的职务。

晋代学者葛洪在《抱朴子外篇》中深有感触地说：看一个人的外表是无法识察其本质的，凭一个人的相貌是不可衡量其能力的。有的人其貌不扬，甚至丑陋，但却是千古奇才；有的人虽堂堂仪表，却是"金玉其外，败絮其中"的草包，倘以貌取人，就会造成取者非才或才者非取的后果。

　　一向慧眼识珠的曹操，也有以貌取人的错举。益州张松过目不忘，乃天下奇才，只是生得额镬头尖，鼻偃齿露，身短不满五尺。当张松暗携西川四十一州地图，千里迢迢来到许昌打算进献给曹操时，曹操见张松"人物猥琐"，从而产生厌烦之感；加之张松言辞激烈，揭了自己的短处，便将张松赶出国门。刘备乘虚而入，争取到了张松，从而取得了进取西川军事上的优势。如果曹操不是以貌取人，而是礼待张松，充分发挥其才识，那样恐怕会是另一种结果。

　　同样，现代企业的领导者，要真正识别人才，就需要对个人进行全方位的审察，看其是否具有相当的能力，是否有发展前途。如果不注重一个人的学识、智慧、能力等方面的培养与使用，不注重其专长的发挥，不是通过其对某些问题的看法来衡量他的判断能力、表达能力、驾驭语言的能力，而是仅凭一个人的相貌如何来判断其能力的大小，甚至由此来决定人才的取舍，那么，必将导致人才的被埋没。下面，我们还以古人为例，从正反两方面来说明如何识才、用才。

　　据传，夏桀、商纣长相姣美，身材魁梧，堪称美男子，而且勇武超群，智慧过人。若仅观其外表，不啻"天下之杰"。然而，他们却是残虐众民的暴君。与此相反，历史上其貌不扬的奇才却大有人在。据《荀子·非相》记载，楚国的孙叔敖，头发短且稀疏，左手长，右手短，五短身材，立于车上还没有辕前横木高，却能辅佐楚霸王，使其执政的楚国成为战国时期实力强盛的国家之一。

　　可见，相貌美丑与人的思想善恶和能力大小并没有必然的联系。人虽貌丑却有德有才，则不失为君子；人虽貌美而无德无才，却只能是小人。联系到目前有些企业的管理者，在人才招聘会上，还没有跟人家谈几句话，就显得极不耐烦，原因是嫌对方相貌不好，即使不是抛头露面的职业，录取时也犹豫再三。在招生问题上，更有令人费解的事，1995年一名河南考生高考总分数超过了录取线，他所选择的志愿是与相貌无关的专业，并表示愿服从分配，即使这样，居然没有一所高等学府肯录取他，原因是嫌他长相不好。此事经《东方时空》纪实报道后，国人哗然；中央电视台还专门对此作了评论。在迈向二十一世纪的今天，还有此种事情发生，实在令人深思。

② 知人靠耳，观其人也要听其言

用耳朵了解人，是欲成大事的领导必须修炼的本事。俗话说得好："会说不如会听。"你是领导，但终究是个凡人，仅凭双眼所见得出的结论未必正确。想做到正确知人，会听是会看的重要补充。纵观古今中外身居领导岗位的名人，无不是善于以听识人的高手。

1. 掌握提问的技巧

对于领导来说，面试无疑是选拔人才，了解人才的重要环节。面试是从对方的言语中了解他的途径。领导要在面试中占据主动，充分地了解自己想知道的一切，就得掌握提问的技巧。

适当掌握和具体运用一些有效的技巧，有助于活跃招聘的气氛，并能达到各种各样的效果。以下介绍一些具体的面试技巧。

（1）彰显公司的形象和实力的技巧

在招聘市场营销人员的过程中，领导列举出 20 多种（可以更多）营销方案，让应聘者分析说明它们的优劣。这一提问，既达到对考核应聘者的分析能力的目的，又向应聘者展示了领导的实力。从而会让招聘者感觉到，这家公司人才水平很高，公司一定很有前途。

当面试进行到一定的时候，向应聘者提问：本公司在某年做了某事（比较辉煌的业绩成果等），你如何评价此事。既测试应聘者又展示公司业绩。

（2）让应聘者说真话的技巧

请应聘者描述前天下午做过什么事？一般的应聘指南书刊都没有涉及这样的问题，应聘者对此就没有充分准备。这样能较真实地反映出应聘者的表达能力、文字组织能力、思路是否清晰等。

与应聘者闲谈与招聘无关的事情。在与本身利益无冲突的聊天中，应聘者更容易说出真实的东西，领导从中判断应聘者的素质和能力。

（3）审查应聘者学历的技巧

在审查应聘者的学历时，谎称你们学校某某老师讲课很风趣，到现在仍记忆犹新。若应聘者附和，马脚顿露。

（4）判断应聘者的抗挫折能力的技巧

领导的座位较高，位置背光。应聘者逆光而坐，须仰视回答问题，这种环境和氛围对应聘者有一种无形的压力；通过对应聘者脸部表情的观察，便能比较正确地判断应聘者的抗挫折能力。

面试过程中，谎称对应聘者的评价表丢了，这事对他（她）的录用很不利。若应聘者沉着应对，则抗挫折能力较强；若比较紧张，则抗挫折能力较差。

请应聘者列举 3 件他认为是失败的事情，如果应聘者所说的都是一些鸡毛蒜皮的小事，如失恋、考试不及格等等，则说明应聘者没有经历过多少挫折，在今后工作中真的遇到困难或挫折时定会出现问题。

（5）测试应聘者的创新能力的技巧

随意指出应聘现场的一件事物（例如茶杯），请应聘者在一定时间内，比如说五分钟，尽可能多地说出它的其他用处，在应聘者陈述完毕后，领导再说出几种用途。此法有一石二鸟之妙处：一是可测出应聘者的创新能力；二是展示领导的创新能力。

让应聘者当场设计出某个方案。从方案中可看出应聘者的思维模式，从而判断出应聘者的创新能力。

（6）测试应聘者的领导能力的技巧

情景模拟法。设置一些领导难题，看应聘者的反应及处理方法。

无主持人讨论。将应聘者（一般5～7人）集中在一个会议室，确定主题，不设主持人，由大家自由发言、讨论，经过一段时间，其中的领导者就会自然地显露出来。

2. 在谈话中了解他人

人们经常可以看到领导找一些下属去谈话，而谈话的内容却与工作并没有多大的关系。其实，领导是通过谈话来了解自己的下属。

（1）通过话题来了解他人

谈话中经常涉及自己，谈自己的经历、看法、态度。这种人一般性格外向、感情强烈，自我意识突出；另一种人恰恰相反，谈话中很少谈到自己，在必须用"我"时，通常用"我们"来代替。这些人大多性格内向，不注重自我表现，主观色彩不浓，具有雷同的性格。

话题总是生活中的琐碎事情，属安乐型的人。较为关心生活安排，注重现实生活水平的提高。

喜欢谈论国家大事，属事业型的人，经常读书看报，讲求工作效率。

经常谈论自然现象，热心于诸如"飞碟"、火山、地震等自然方面的问题。这些人生活有规律，办事严谨，注意事物的精确性。

热衷于谈论社会现象，关心人与人的关系及社会问题。这种类型的人生活不很规律，办事粗枝大叶。

不愿总把持话题，常希望讨论对方的话题，一般说，这些人具有宽容的精神，谦虚讲礼仪，深谙人际交往的技巧；与之相反的，总不断地扯出自己话题的人，属于具有较强支配欲和显示欲的人。

（2）通过谈话内容的重点来了解他人

谈话是概括性的，注重事物的结果，关心宏观问题，属领导型人物。人际交往多为亢进型与控制型，有较强的独立性，有支配欲、主观性。

叙事具体，注意具体细节及过程。这种人适合于做琐碎的事务性工作，交往类型多为支持型与分析型，支配欲不强，交往中有顺从性，独立性不强。

（3）通过讲话方式来了解他人

讲话决断明了，表明他的自信心强。讲话爱用命令式口吻的人，怀有优越感，办事主观，其中有些人也不乏魄力，但另一些人说明了他的幼稚。说活声调很高的人，性格浮躁，同时也任性。

（4）通过讲话速度来了解他人

讲话速度快而急，一般是个脾气急躁之人，办事虎虎有生气，但瞻前顾后不够，有粗枝大叶的毛病。

讲话速度快而不急的人，办事果断，富有远见，不易改变主张。

3. 给下属一个讲话的机会

任何领导对下属违背命令，触犯制度的行为都是十分反感的。有的领导因下属的这种行径对其"一棍子打死"，不去把问题弄清楚，不给下属一个讲话的机会，从此在重大事情上对其"永不叙用"，从而白白丧失了一个人才。

领导者要给下属一个讲话的机会，从而真正了解事情的原因。

一天，汉王帐下来了一位身材伟岸、面如敷粉、唇若施朱的美貌丈夫。此人是阳武县人。名叫陈平，原是楚都尉，因项王发怒诛杀将吏，避祸而逃奔汉王来的。汉王刘邦听部将魏无知介绍后，立即召见陈平，直截了当地向他征询伐楚大计。陈平进言说："大王想伐楚，目前正是时机。现在项王正率军讨伐齐地，后方空虚。大王若迅速东进，攻占他的老巢彭城，截断楚军归路，楚军一定人心大乱，容易溃散；项王虽然勇猛，但他一个人也无能为力了。"接着，陈平还把进军线路和攻伐计谋对汉王作了详细分析。汉王听了眉飞色舞，欣喜异常，觉得陈平才智谋略过人，真算得上张子房第二了。于是，不但仍旧授予他楚时的都尉官，还让他作自己的参乘（陪乘人），随侍左右，并兼掌护军。

帐下诸将见陈平刚来，又不见有什么功劳，就一下得了贵官，还跟随汉王身边，认为汉王这般抬举陈平也太过分了。下边不满的议论，汉王也有所耳闻，但均不以为意；相反，更加厚待陈平。这下惹得周勃、灌婴这类功臣更加愤愤不平。他们在将士中搜集了些有关陈平的不廉行为，然后气呼呼地到汉王帐中告状，想把陈平告倒。

汉王听后，不但不生气，反而笑着说："寡人任用陈平，是因为他有才智。你们说的那些事是德行问题。当今楚汉相争，全靠能人出奇谋，武士出勇力。那些循规蹈矩的谦谦君子有啥用处！你们就不要再追究他的那些生活小事啦！"周勃等人只好垂头丧气地退了出来。

汉王见他们走了，心里觉得有些问题还是得弄清楚，于是召陈平进来质问道："先生，你原来事魏不行，于是事楚；结果又离开楚营，投到我处。人臣侍君可以这样不专一吗？"陈平从容回答说："臣事魏王，魏王不能采纳臣的意见，所以离开他；到了项王麾下后，臣见项王信任喜欢的人，不是亲戚，就是故旧；其他人即使是奇谋之士他也不重用。臣听说汉王豁达大度，知人善任，远近豪杰都争相归附，所以臣才来投奔大王。臣来时，只身一人，除了身上穿的，余皆一无所有。如果不收受点钱财，就无法筹办活动经费。大王现在若真的认为臣的计划可以采用，就请大王听臣行事；假如认为不行，臣收的钱财全在，就全部封送官府，放我一条生路让我离开就是了。"

汉王听后，立刻向陈平赔礼道歉，并重金赏赐陈平，还提升他为护军中尉，监护诸将。这样一来，众将领再也不敢说长道短了。

从此，陈平一心一意跟随汉王身边，尽心为汉王出谋划策。他与张良成了汉王刘邦夺取天下以至治理天下所不可或缺的左右手。直到十数年之后，高祖临终之前的遗嘱中，陈平仍是汉高祖托付的安刘佐汉的重要大臣之一。

陈平收受贿赂固然不对，但刘邦给他一个讲话的机会，了解他受贿的原因。若是刘邦不问清楚，固然留下陈平也很难重用。

③ 知人靠心，眼明耳聪皆不如心亮

人是最会伪装自己的动物，甚至能用伪装骗过自己。所以，人们常说："想了解一个人，实在太难了！"但是，身为领导，你必须用人，因此首先必须知人，这就要求你多长几个心眼，多花一点心思，多费几分心力。做到这个程度，你就已经是一位高明的领导者了。

1.对不同人的性格模式要深析

每个人成长的环境不同，因此他们的个人经验及行为有所差异。对不同人的性格模式有一定的深析，身为领导的你才能顺利地和下属沟通。

有经验的领导都深知：即便环境不停改变，人已经形成的、固有的行为模式都始终如一地主宰其认知和思考。

美国著名人类行为学家凯文经过多年研究发现，生活中人们常见的性格模式如下：

（1）追求型与逃避型

人类一切的行为都是绕着追求快乐、逃避痛苦的渴求打转。例如你把手抽离点燃的火柴，就是为了免于被灼伤；你坐在公园里观赏夕阳美景，就是希望给自己带来视觉上的享受。

至于对可多种解释的行为，这种性格的分类依然适用。例如甲之所以徒步 1600 米，是因为爱好运动；至于乙也这么做，是因为极其厌恶乘车；丙之所以阅读福克纳、海明威的文章，是因为欣赏他们的文采和洞察力，而丁虽也看他们的作品，目的只是不想让别人觉得他太粗俗，但并非真有兴趣。从此四人的行为上，可以看出甲、丙二人是在追求能让他们快乐的事物，而乙、丁却是在避开会令他们痛苦的事物。

这种性格模式的划分，并不是绝对极端的。固然人人都在追求与逃避某些事物，但对同一事物反应不尽相同，且都有一种强烈的倾向。例如甲倾向好动好奇，喜欢冒险，追求刺激使他快乐；可是乙却倾向谨慎小心，注意安全，因而视世界是危险之境，对于会造成威胁和伤害行为的逃避，尤过于对刺激的追求。如果你想知道他人具有哪种类型的倾向，不妨从他们想要的东西上，不管是汽车、洋房或工作，便能有脉络可寻。

当别人告诉你，他想要的以及不想要的，请问这其中含有什么信息吗？有很多。假设你是个销售人员，促销方式可采用两种，一种是尽量说它拥有的优点，一种是尽量说它没有的缺点。例如你在推销汽车时，可强调它跑得快、造型新，你也可以强调它耗油"不"多、保养"不"贵、碰撞"不"易出事。你到底要采用哪种促销策略，那就完全得看顾客当时的想法。如果你对他的性格判断错误，那不如待在家里别出来。虽然你尝试要他"追求"买这部车，可是他却找许多理由"逃避"买这部车。

想一想，一辆汽车在马路上到底是前进还是后退，全看它当时所面对的方向。同样，这个道理也适用于人。比如，当你想叫孩子好好用功，你可能会这么说："努力一点，不然你就进不了理想的大学。"或者你也会这么说："看看佛瑞德，他就是不用功的缘故，所以退了学，现在只能在加油站做个加油工，你是不是也要跟他一样呢？"

你可知这么说有多大效果？那可得看孩子的了。如果他是逃避型的，也许会有效，可是他要是追求型的，倾向于追求能令他兴奋、刺激的事物，又当如何？告诉你，如果他是追求型的，你用这种逃避式的举例，对他是产生不了作用的。由于你的诉求不对，就好像孩子只懂希腊语，你却跟他讲拉丁语，说得口干舌燥，依然不见效果，不仅浪费了自己也浪费了孩子的时间。往往这类逃避型的规劝，对于那些追求型的人，产生弄巧成拙的结果，造成对方不悦或动怒。假使你想劝这类型的孩子，还不如这么说："如果你能好好用功，便能考上你想念的学校。"

（2）自我判定型与外界判定型

你找个人问问，看他如何得知自己表现不错。对某些人而言，他自己不能肯定，全看外界评语——例如主管拍拍他的背，夸他干得好，被提升了，得了一笔可观的奖金，受到同事注目及赞誉等。像这类的人，就属于外界判定型的人。

对另外一些人而言，这个答案来自自我。当他们表现得不错时，自己会知道。如果你是个自我判定型的人，不管你的建筑设计得了多少奖，若自己不觉得它有特殊之处，任何外来的赞誉都不足以使你肯定自我。相反地，即使你所做的只得到主管和同仁的些许注意，但是你认为已竭尽全力，这种肯定将远超过他人的肯定。

假使你想说服某甲去参加一个研讨会，而你这么说："这个研讨会棒极了，你一定得参加。我和许多朋友都去过，大家都认为收获很大，整个人生观都变了。"如果说某甲是个外界判定型的人,你可能会说动他,因为他会认为既然大家都如此说,八成是假不了的。

如果不巧某甲是个自我判定型的人呢?想借别人说的话来说服他,那可就不容易了。因为那些话对他不具任何意义,无足轻重,除非你的理由是他已经早有所闻的,才有可能说动他。比如你这么说:"你是不是还记得去年参加过的研讨会呢?你说过那次研讨会是你多年来最大的收获。现在我知道有个研讨会不逊于上次的那个,如果你参加了,必然会得着和上次相同的感受,要不要参加呢?"你想,这么说会不会有效呢?当然会有效,因为你的理由击中他想追求的。

像这两类型的人,之所以会是这种性格,是跟他们的经验有关。如果你从事某事已有十多年之久,你很可能自我判定感很强;可是你若是个新手,对于所从事的尚无确切把握,这时你不可能会有自我判定感,而是经常请教他人、经长久时间后才会形成自己的偏好和特有模式。不过就算是个惯用右手的人,也会有使用左手的时候,这个道理也适用于此两类性格之人。你不可能是一成不变的人,你可以改变,同时也能改变成功。

大部分的领导者是什么类型的呢?是自我判定呢?还是外界判定呢?要想做个强人,就得是个自我判定型的人。因为他在采取行动前,若是诸事都要征求别人意见,那会耗费太多的时间,使他成不了事。不过此类型的领导者要想干得好,就得能察纳雅言,否则就会变成一个自大狂。

在一次凯文主办的研讨会前有一场介绍活动。有一位男子及三个朋友走向凯文,厉声说道:"我不信你那一套。"同时极尽所能地揶揄凯文。

很明显地，他是一位自我判定型的人，因为外界判定型的人顶多是走过来，建议你该怎么做。另外，从他跟朋友的对话里，可以看出他是一位逃避型的人。因此，凯文就对他说："我无法说服你该做些什么，你是唯一可以说服自己的人。"凯文这句话一说，他竟不知所措，只能听凯文说。慢慢地他不得不同意凯文所说的，因为在他心里知道凯文说的一点不假。接着，凯文又说："你若不参加，你是唯一能知道谁会损失的人。"凯文这么说似乎对自己十分不利，不过他抓住了对方的想法，事实也的确有效。

请注意，凯文可没说他不参加"他"会损失，如果凯文真这么说，他还真的会退出呢！相反地，凯文这么说："如果你不参加，你是唯一会知道（针对他的自我判定）谁会损失的人（针对他的逃避性格）。"

他回道："不错，你说的对。"然后就在报名单上签下了自己的名字。

（3）自我意识型与顾他意识型

有些人的处事观点，着重于其中是否跟他有切身关系；另外一些人的处事观点，则着重于其中是否跟大家有切身关系。当然，不会有人偏向于这两个极端，否则如果你是前者，就是个自私自利的人；如果你是后者，往往就成为一个大公无私者。

倘使你现在正负责公司员工的招募，你会不想知道哪些应征者最适合哪些空缺吗？不久之前，有家大航空公司发现公司里95%的抱怨，来自5%的少数员工。这5%的人，自我意识很强，经常只顾自己的看法，不理会他人。请问这种人是不是好员工呢？可以说是，也可以说不是。他们很可能有才华、工作卖劲、为人和气，但是因为摆错了位置，所以就不能施展所长。

后来这家航空公司怎么解决呢？他们把这批人给撤换掉，然后换成了顾他意识型的人。公司甄选这批新人的方式，是采用集体面试法，问他们为什么想应征这份工作。大部分的应征者都以为评审的标准是根据自己在应答时的内容，殊不知评审标准是根据他在做一名听众时所持的态度。也就是当别人在台上面对大家说话时，台下的应征者谁能最专心、最留意且笑容最可掬的人，便得到最高的评分；而那些心不在焉的人就会被认为是自我意识型的人，评分很差，也不予录用。当公司雇用了这批新人之后，抱怨减少了80％。由此可见，在服务业里，性格模式的认识，实在是太重要了。如果你不知道如何激励一个员工，你将如何去评估他的表现呢？当你知道某份工作所需的技术、知识和性向，你得如何找到适合这份工作的人选呢？有太多能干的人经常在工作上屡遭挫折，全是因为这些工作不适合他们的性格所致。请记住，一个人的性格在从事某件事时，可能是一笔负债；但从事另一件事时，却可能是一笔无价的资产。

在服务业里，就像航空公司，很明显的是需要顾他意识型的员工。可是如果你想雇个编辑，很可能就得找自我意识型的人。或许你已有过许多经验，不解有些员工为何表现虽然不错，却牢骚满腹？这种情形就像一个自我意识很强的医生，虽然医术高超，可是却欠缺关怀他人的意识，做事自然不会有劲。像他这类型的人，可能在实验室工作要比治病会好得多。量才适用实在是每个企业当前最大的问题，不过若能知道每位员工处事的性格，这些问题便能迎刃而解。

每个人的性格是居于两种极端之间，但不会刚好在正中间。人的性格是不是追求型比逃避型要好呢？可能。若大家的自我意识弱于顾他意识，这个世界是否会更美好呢？也有可能。不过那只是希望罢了，我们最好还是面对现实一点。或许你希望自己孩子的性格能多倾向于追求型，那么在与他沟通时就得采用顺着他性格的方式，而不是照你认为对的方式。当你与人交往时，要尽可能仔细地观察他的性格，倾听他说的，了解他话中含意；注意他的神色举止，何时全神贯注，何时心不在焉。由于人的性格样式是建立在前后一致，不会中断的基础上，所以要想测知一个人的性格倾向及诉求方向，并不是十分困难。

（4）配合型与拆散型

这种模式会影响我们对资料吸收、理解的分类。有些人在处事的观点上，着重寻求共同点，这种人归类于配合型；另外一些人在处事观点上，是着重寻求差异点，此种人归属于拆散型。当然在这两种极端之间仍然会存在许多大同小异型和大异小同型的人。前者是在许多共同点上会找出一些小差异来，而后者便会在许多差异点上找出一些小相似来。

如果你想看出一个人是配合型或是拆散型，可以看看他们第一眼注意的是事物的相似性，还是相异性。拆散型的人常喜欢找出差异，因而很难和别人形成共识，不过跟其他拆散型的人倒能合得来。

比如，凯文的公司有 6 个合伙人，除去其中一位，其他的全是配合型的人。在大部分的时间里，他们相处十分融洽，由于此种配合性格，彼此能相互欣赏。每当开会时，大家的想法和看法都一致，讨论起事来是越谈越兴奋，很容易便能达成共识，做出结论来。

不过当那位拆散型的合伙人一加入讨论，情形就变了，每一次他都是在鸡蛋里挑骨头。当其他几位看法一致时，他就唱起反调。当别人兴冲冲地打算进行某件事，他就浇他们一头冷水，然后坐在椅子上，对他们所关注的充耳不闻，只是提出一大堆别人认为无需担忧的问题。其他人希望早些达成结论，好松口气，他却反复挑毛病。

他是不是个头痛人物呢？你一定会这么认为。他是不是可贵的合伙人呢？当然是。公司之所以需要他，就是在规划中的适当时刻，希望听听他的意见。可是别人并不希望他唠唠叨叨一些细节，乃至破坏大家的脑力激荡。经常几个配合型的人在规划后所得的结论实在是颇具价值，但是当他们讨论到尾声时，却非常需要有个人找出矛盾疏漏之处，而他们这位合伙人就扮演这个角色，常常免去公司可能招致的失败。

拆散型的人在社会上居于少数，但是他们倾向于专看配合型的人所见不到的，所以实在是非常重要的。拆散型的人经常是煞风景的人；当大家都在欢乐狂潮中时，他们却会当头浇上一些冷水，浇熄大家的热情。不过他们敏锐的挑剔和分析，却是经营任何企业不可少的。

如果有份重复性很高的工作，你是否会找一位拆散型的人去做呢？我相信你不会，相反地，你会去找一位配合型的人，他必然会万分高兴地待在那个职位上，除非你调动他。然而，若有一份工作是具有高度弹性及变化，你会用一位配合型的人吗？很明显地你不会。就长期观点来看，知道这种类型性格的差异，将十分有助于寻找合适的人去胜任合适的工作。

对于配合型及拆散型的人，你是否使用相同的说服策略呢？你希望他们共事吗？当两个孩子分属此两种类型，你的处理方式是一视同仁吗？应该是不会的。不过，并不是拆散型的人就永远不会变成配合型的人，如果你能用他们听得懂的语言，教他们该如何去做，他们便会修正到某种程度。或许在这改变过程里，你得投下无比的苦心和耐心，但是你能够帮助他们与人善处。这种方法也是配合型与拆散型的人得以相处的好办法之一。固然配合型的人在处事时，是着重在寻求共同点，不过若能对差异也多留意点，人生就会有趣得多。

（5）可能型与需要型

你去问一个人，他为什么进入现在的公司服务，他为什么买了现在的汽车及现住的房子。那个人的回答很可能是需要，而不是想要。像这类型的人做事，是因为不能不做，而不是因为做了这事，会有什么机会。在他们的人生里，从没想到要主动寻求无穷可能的变化，只是随命运的安排，碰到什么算什么。例如当他们需要一份新工作、一辆新汽车或一间新房子，那么就出去碰运气了。

另外有一类型的人，是喜欢发掘可能性。他们的行为动机发自于"想去做"而不是"得去做"，所以他们会寻求各种可能的方法、体验、选择，以达成追求的目标。像第一种需要型的人，注重他已知的、安全的事物；第二种可能型的人，则注重他未知的，希望能从其中找出蕴藏的机会。

如果你是个雇主，你会想雇用哪一类型的人呢？可能有些人会回答雇用那肯寻求可能机会的人。不错，敢探测不可知的人，才会有丰富的人生。事实上，在人的天性中，大部分的人（包括那种需要型的人）都愿意追求无穷变化。

可是在现实世界里，却是呆板得多了，有许多的工作是重复性的、少有变化的、注重细节的。就以一家汽车工厂的品管员来说，固然可能型的人也可担任，但是需要型的人可能更合适。所以你得知道哪种类型的人适合哪类工作，否则像保管员那类刻板的工作，去找可能型的人担任，怕不早烦死了，可是若由需要型的人担任，却有如鱼得水之感。

需要型的人还有其他的优点，例如有一些工作，不希望员工经常变动，可是你若派了一位可能型的人担任，他会不断地寻求更好的机会，乃至变换工作或跳槽。然而对于需要型的人则不然，他工作是因为有需要，为了生活不能不紧紧地抓住到手的工作。如果一家公司要想跳入一个崭新的行业里时，在用人方面就得找那些愿意寻找各种可能性的人；但是像那种强调踏实、稳定的工作，就以需要型的人担任较适合。如果你想找个工作，最好是先好好了解一下自己的性格，然后才能帮你决定哪个工作是最有助于你的发展。

假使你想跟孩子强调受教育的好处，并鼓舞他进入好大学，上述原则也有说服的功效。如果你的孩子是需要型，你可以告诉他为何得受好的教育，你可以举一些需要学位的工作，向他解释为何做个好工程师得有数学的底子，为何做个好老师得有语言的才华。如果你的孩子是可能型的人，你就得换个方式，不能再用刚才那套说辞，否则他会感到乏味。这时你要强调，在受过良好的教育后，在他面前会展现许多的可能机会。告诉他学习本身就是通往可能性的最快捷径，让他的脑海里充满即将要探测的新领域，即将打开的新空间和即将发现的新事物。虽然你对孩子的引导方式不同，但最后产生的结果则一样。

（6）工作的风格

每个人都有独特的做事方式。第一类属孤独型，他们独立作业的能力很强，但在团队里就常与他人格格不入，不能发挥团队的力量。第二类属群力型，他们的能力并不出众，但很能跟别人一起完成上面交代的任务，也许在表现上并不是很突出，但却是一位无名英雄。第三类型是居于此两类型之间，他做事蛮有主见，能独立作业，也能非常和谐地与大家一起工作，虽然看起来他相当独立，可是却不孤独，这种类型属于自主乐群型。

假使你想使自己的部属克尽全力，你就得找出如何才能使他们表现优异的策略。有时候你可能会发现一位员工能力很强，但却是个头痛人物。他常常自行其是，自命不凡。很可能这类员工是属于可以自创事业的人，如果你不能提供他表现的机会，迟早他会去自创事业。假使你有一位这么有才干的员工，你应当尽量去为他找个能让他充分发挥才干的位置，并且赋予他充分的自主权。相反地，你若把他安置于一个团队里，很可能会弄得鸡犬不宁。但是你若能让他完全地独立作业，他能证明自己很胜任。

你一定听过彼德原理，它的主要思想是，任何人被不断地提升，总有一天会升到不堪胜任的地步。发生这种情形的一个原因，那就是做雇主的并非真正了解员工的工作方式。例如有些人是属于群力型的，他之表现杰出完全是得之于众人的帮助，可是做老板的为了表彰他的功劳，而把他调去负责一个需完全独立作业的部门，你想他是否会胜任呢？当然这不是说像这类的人就不必升迁，不过如果要用人，就得用他的长处，而不是他的短处。在一个组织中，必然同时有需要这三种类型人的工作，知道员工的工作方式而找份胜任的工作给他，是十分要紧的。

领导对人的性格模式有一定的了解，是给下属分类，并委派相应工作的前提。对一个人"心里有数"，才能最终做到知人善用。

2. 从细微处来鉴别真正的人才

当人们在领导面前时，总是带着一副面具，让领导无法看到真正的自我。因此，领导在别人的刻意伪装下，很难发现真正的人才来。

领导的职责是用人，这就要求领导从细微处入手，突破对方的伪装，从中鉴别出真正的人才来。

首先，领导要了解对方属于哪种类型。

吴子说："短者持长戟，长者持弓弩，强者持旌旗，勇者持金鼓，弱者给厮养，智者为谋主。"领导是一门艺术。"好瓦匠没有用不了的砖"。一个出色的领导者，必须能量才用人，使人尽其才，物尽其用。

那么，如何鉴别一个人才的类型呢？这就要求领导者善于从多方面加以考察：

（1）工作经历和成绩。工作经历和工作成绩当然是最主要而且最客观的因素。磨砺和经验是一个人成长必不可少的条件。

（2）内部意见，也就是其工作伙伴或有联系的人员的看法和印象。这些意见可以剔除你的一些主观因素，当然，你在利用这些意见判断时，也要剔除其中的一些主观因素才行。

（3）外部意见。由你的供应商和客户那里得到的反馈往往比内部意见更加客观。

（4）个人意见。征求员工对个人的看法，"性格决定命运论"虽然有其偏颇之处，但现代社会心理学表明：当一个人在头脑中经常把自己想象成某种人时，他的言语和行为就会自然表现出该人的倾向，他的人生道路会自然不自然地朝着该方面发展，员工个人对自己的评价有时便可反映出他的一种努力倾向。

一般来讲，人才有以下几种类型：

（1）缜密型人才：其最大特点就是忠于职守，这是任何时代、任何领导都欢迎的人才。这种人才不贪功取巧，踏实认真，归属感强，是财务部门、审计部门的最佳人才。

（2）通灵型人才：一般知识面广博，基础深厚，有很强的综合、移植、创新能力，能够在全局的高度上集思广益，上下协调，善于应付多层次多角度的问题。这类人才不可多得，一般适于担当常务管理工作或在枢纽部门任职，如总调度员或办公室主任等职位。

（3）创新型人才：有能力、善应变、敢拼搏、行动富于冒险性、思路新颖、赶超之心重。任用这类人员，一定要委以独立重任，并极端注重工作方法。这类人员是开拓局面、打开通路所必需的，这类人才适合新产品开发部门或营销部门的工作。

（4）实干型人才：这是任何组织都应必备的人才。这类人才埋头实干、有吃苦精神、注重工作效率和质量，领导者应对这样的人才适当加以保护和关爱。其最适合的工作是公司最主要的业务部门或主要产品的产销部门。

其次，从平常的事物中找出下属不凡的特质

生活中缺少的不是人才，缺少的只是发现"千里马"的伯乐。

洛克菲勒卸任后，把董事长的职位传给了阿基勃特。美国标准石油公司是一家大企业，人才济济，高手如林，无论是才华还是能力，在阿基勃特之上的人有不少，但洛克菲勒却选中了他当董事长，这有他独特的见识。

很久以前，当阿基勃特是美国标准石油公司的一名小职员时，他尽心尽职，脚踏实地，努力维护着公司的声誉。不论何时何地，凡是要求自己签署的文件，阿基勃特都会在签完名字的下面，接着写上"每桶4美元的标准石油"这样一句话。甚至在书信或收据上，也不会忘记写这几个字。时间长了，他被同事们亲切地叫做"每桶4美元"，其真名倒是很少有人喊了。当时，洛克菲勒担任美国标准石油公司的董事长，听别人说起此事，他为公司有这样一位忠心耿耿的雇员感到十分高兴，并且兴致勃勃地与阿基勃特见面和交谈，共进晚餐。按理说，写"每桶4美元标准石油"这几个字是举手之劳，认真做起来都不会太难，可只有阿基勃特坚持不懈，一做到底，实属难能可贵。洛克菲勒认为这样对公司忠心耿耿、顽强坚定的人是董事长的最佳人选，阿基勃特果然不辱使命。

法国的"银行大王"斯蒂芬就是"小心拾起大头针"而被发现的。早在读书时，斯蒂芬就立志要当个银行家。大学毕业后，他鼓起勇气来到巴黎一家最有名气的银行碰运气。结果很不理想，吃了一个闭门羹。然而这位年轻人雄心勃勃，并不气馁。又先后走进几家银行去求职，可是连连被拒之门外。几个月后，斯蒂芬再一次去了开始到过的那家最好的银行，并且有幸见到了董事长，但是又遭拒绝。他慢慢地从银行大门出来，突然发现脚边有一枚大头针。想到进进出出的人可能会被地上的这枚针所伤，小伙子马上弯腰将其拾了起来，然后小心翼翼地放进了旁边的垃圾桶里。

第二天斯蒂芬意外地发现自己的信箱里有一封信。拆开信封一看，天哪！原来是那家赫赫有名的银行发出的录取函。这真是喜从天降，小伙子怀疑自己是否在做梦。原来，斯蒂芬昨天在银行大门外拾大头针的一幕被董事长看见了。他认为精细小心正是银行职员必须具备的基本素质，于是改变了原先的想法，决定录用这个年轻人，正因为斯蒂芬办事负责认真，对一枚针也不粗心大意，所以能在工作中创造辉煌，日后成为法国的"银行大王"。

这两个事例都说明了同一道理，领导者要独具慧眼，善于由显见隐，从貌似平常的事物中发现下属的不凡的特质；学会由小见大，从一些细小的事情里，透视出人才的重要特质。

第三，要识别出真假人才

上海一个下岗纺织女工由大饭店的服务员被擢升为该饭店的总经理的故事实在令人感叹。

这个女工的丈夫在外办公司，家里并不需要她出外赚钱，但她已经习惯了劳动，不愿意在家吃闲饭。下岗后，她找到一份工作，是在外国老板开办的饭店里当服务员，主要是负责盥洗间的卫生。做这份工作，她没有多想什么，只是认认真真地做好工作，她勤劳而用心，把盥洗间擦洗得非常干净，一尘不染。首先是顾客感觉到"盥洗间非常干净"，后来外国的老板也听到对盥洗间"非常干净"的称赞。老板非常看中她的认真劲儿，于是，就提拔她当总经理。果然，她不负老板的期望，把饭店治理得井井有条，老板对她的工作非常满意。这个事例说明，老板用人千万不要被外部条件所迷惑，而要注重他的实际才能。可能有些人徒有其"表"，许多公司就有学历、年龄、专业等条件都具备的职工，可是，他们主观不努力，工作态度又差，做工作也挑挑拣拣，马马虎虎，不负责任，最后成了一个难事做不了，易事不想做的庸人。识别真假人才是选人用人过程中一个非常重要的环节。

（1）假专家。不懂装懂的人，生活中着实不少，有人为爱面子或为了迎合讨好某人，或为了职位，就不懂装懂。可怕的是，在企业占据重要职位的人不懂装懂，就会给企业带来许多损失，尤其是技术上问题解决不了还会误了大事。有些领导，求贤若渴，把学者、名人当做专家聘来，后来也大失所望。有些学者由于研究对象不同，尽管发表了许多文章，出版了不少专著，学术成果显著，但未必就是专家。领导者要聘某些学者为专家时，一定要注意考查他所研究的问题和你们的主业是否相符，是否能够做到理论联系实际，解决实际问题。有些名人，"盛名之下，其实难副"。作为领导，要考察受聘者名气的来历，凡是一点一滴累积起来的名气，则比较可靠，而对突然冒出来的名人，则需进一步考察，以避免聘来被媒体炒做出来的所谓名人。

（2）貌似创新者。有一些人，尤其是刚刚走出校门的毕业生，抱着满脑子的幻想、以一种不循规蹈矩、敢想敢干的精神步入社会。这些人多少有一点才干，虽然有闯劲，但过于自负，常常会捅个大窟窿，令人头痛。对于常常提出新设想的人，领导者一定要考察此人是不是具有过于自负，好大喜功，急于求成的缺点。如果有这些特点，就是貌似创新者。这样的人自以为天下老子最能干，只有自己是正确的，别人不是错误的，就是有毛病的。他们异想天开、一意孤行，如果支持他们的主张，给公司带来的损失是无法估量的。领导者千万要警惕！

最后，领导要从日常谈话中鉴别人才

常言道，言为心声。了解下属的直接方法就是和他交谈。平时，领导要多接触下属，多与下属交谈，有意识地询问下属一些你关心和正在思考的问题，从下属的谈吐中初步判断他们的观念、才学与品性。

（1）目光远大的人可以共谋大事

在询问下属"公司应该向何处发展？""你有什么打算？"等问题时，领导如果发现下属不满足于现状，有远大理想，有不同寻常的发展眼光，且想法也不空泛，那么，这是一个值得重用的人，可以提拔重用，成为共谋大事的搭档。

（2）善于倾听的人能担大任

善于倾听别人谈话，能够抓住对方本意，领会其要旨，回答言简意赅的人能担当大任。

因为他们善解人意。善听是一种修养，它只有经过长期的锻炼才能形成；同时，这些人想必是有谦逊的品德，有随和的个性，具有领导和管理的天赋。一般来说，三言两语就能切中问题要害的人，往往是思维缜密、周详而又迅速果断的人。他们对事物体察入微，而且客观全面，做出的决定也实际可靠，他们是能担当大任之人。此所谓"真人不露相，露相非真人"。启用他们，公司业务扩展获得的成果定会是实实在在。

（3）"胆小"心细的人比轻易许诺的人更可靠

在布置任务时，有的下属常说"我担心……"，"万一……"之类的话。乍看起来，这种人给人一种胆小怕事的印象。其实不然，因为他们往往思维比较严密，能够居安思危，经常考虑到可能的各种情况和结果，同时也善于自我反省，明白自己的所作所为及其可能的结果，很有责任感。由于他们对工作中所遇到的困难和出现的问题有足够的重视，做起工作来，就会有条不紊越做越好。领导应当给他们加压、委以重任。

一个常轻松说"肯定是……"、"就这么回事！"、"一定成。"、"没问题！"等如此之类的话的人，往往给领导一个爽快能干的印象。事实上，这种轻下断言、轻易许诺的人是靠不住的。轻易断定没有任何困难，这至少表明他工作草率、不具备发现问题的能力；轻易许诺是缺乏承诺的诚意与能力的一种表现。

（4）好夸耀的人不能重用

这些人争强好胜，喜欢在别人面前夸耀自己，有点小功劳就沾沾自喜，不时地向领导表功。这种喜欢居功自傲的人常常是功不抵过。

有人通学过各门各类的知识，泛泛而谈，也还有些道理，似乎是博学多才的人。但是，如果是博而不精、博杂不纯，未免有欺人耳目之嫌。领导者对于凭着某种证书应聘者，应该考察是通学还是博学多才的人。通学者，善于吸收别人的精华，自己没有什么独到见解和思想，对于知识的掌握还局限在理解阶段。博学多才的人，博学精通，见多识广，但往往不漏声色，甘于在平淡中显神奇；虽然聪明绝顶、博学多才，却不过于炫耀自己；更善于把握来自对方的信息，思考目前的各种情况，立即领会对方的意图；眼光犀利，善于洞察先机，迅速把握有利时机，随机应变；用词准确，辞能达意，沟通能力良好，善于搞好各种人际关系，思维灵活，不拘泥于一格，善于创造新的事物，构思新的框架。一言以蔽之，真正的博学多才的人，并不想急于表现自己，而是洞察对方，相机行事的人。

与人交谈时，有人常把"我"字放在前面，不顾对方的心情与感受，大谈自己的看法，炫耀自己的学识，显示自己的才干，似有怀才不遇之感慨。对这种自命不凡的人，尽管他有些特长，但也不能放心大胆地使用。这种人自以为是，自以为什么都懂，恰恰反映出他们是彻底的无知。有了这种夸夸其谈的心态，他们做起事情来会经常不顾领导的意图，偏偏要按照自己的意思去做，以为这才是个人价值的体现。如果公司领导被他的夸夸其谈所蒙蔽而重用了他，就会误了公司的大事，成为公司发展的阻碍。

（5）华而不实、言之无物的人不能使用

说话模棱两可，公式化的一问一答，善于应酬而胸中无策的人不可重用。

华而不实者，口齿伶俐，能说会道，口若悬河，滔滔不绝，乍一接触，很容易给人留下良好印象，并当作一个知识丰富、表达力强、善交往、能拓展业务的人才看待。但是，领导者不要被外表所迷惑，须要分辨他是不是华而不实的人。华而不实的人，善于说谈，谈古论今头头是道，而且能将许多时髦理论挂在嘴上，迷惑许多辨别力差、知识不丰富的人。考察这种人，谈话中要多一些具体的问题，给予具体的任务，让他找出对策，试办具体的业务，如果此人谈话、做事避实就虚，圆滑应对，说明此人是华而不实者，当副手尚可，决不能独当一面。

（6）不承认他人长处的人不可信

在向某一下属了解另一下属的情况时，或者当着某一下属的面表扬另一不在场的下属时，如果这位下属不承认他人长处，拐弯抹角地揭别人的短处，对领导表扬别人心里不服气，那么，此人是不可信的。这种情况表明，不是他看不到他人的长处，就是妒忌心很强，担心别人在某些方面超过自己。无论是哪种原因，此人都是不可信的。

（7）敢不敢挑战高薪可以看出一个人的实力和勇气

长久以来，中国人一直以谦虚为美德，不善于或不敢将自己的才能表述和展示出来。随着改革开放，与外界尤其是与西方文化的交流日益增多，使得人们的一些观念也有了很大的转变。在人才招聘上也表现得很明显。

在北京大学校园，曾有这样一则广告：诚聘具有网络背景、熟悉互联网、具有一定的管理能力、英语六级、硕士博士优先，月薪要求 1.5 万元者免谈；熟悉三维动画设计的美工人员，月薪要求低于 6000 元者也免谈。这则广告引来了众多的应聘者。

一位应聘者如此袒露心迹："我敢来应聘，是因为我对自己有充分的自信，否则我不会来，该公司工资较高，对应聘者来说，具有一定的挑战性。"

天正公司负责人说："敢要高工资，至少说明他有能耐、有勇气。互联网时代，只有那些浪潮的领导者才是真正的成功者，跟在浪潮后面的人永远不会有出路。我印证了互联网上的规则。即'第一名可以成功，第二名可以获利，第三名可以谋生，其他的只好靠边站'。我们需要的是有才能和勇气的人。"

无论再会伪装的人，总有露出破绽的时候。只要领导肯用心，时时刻刻从易被忽视的细微处来鉴别，总会分辨出真正的人才。

3. 在选人标准上要灵活把握

社会环境对各种人才的标准进行了一定程度上的界定，比如学历，工作资历等，但这种标准不能完全照搬。很多拥有高学历或工作经历丰富的人，未必就是符合领导所需的人。因此，在选人标准上，领导要用心去灵活把握。

（1）不片面追求文化程度

近年来企业事业招聘人才对学历的要求越来越高，招聘中学教师，把目光盯在博士生人群中，找一个烧锅炉的，要求大学本科以上的现象屡有发生。仔细想一想，这种人才"高消费"的做法未必合适。往往有这样一些现象，一些企业招聘了一批又一批人员，经过一段时间才发现，由于各种原因造成的留存人数很少。只好继续招聘，周而复始地造成了人力物力的很大损失。

早在 20 世纪 50 年代，松下幸之助就认识到，公司应招募适用的人才，程度过高，不见得就合用。松下指出：各公司的情况有所不同，老实说，人员的雇佣，以适用公司的程度就好，程度过高，不见得一定有用，"适当"这两个字是很要紧的。

20 世纪 60 年代，盛田昭夫的《让学历见鬼去吧》可谓一鸣惊人。因为，当时的日本还沉浸在一种过于重视文凭的氛围中，盛田昭夫的这一创新使得索尼人才济济。

索尼公司不仅拥有众多的科技人才的同时，还特别重视选拔和配备具有高度创新精神的经理班子。在选拔高级管理人员这个问题上，索尼从不雇佣那些仅仅能胜任某一个具体职位的人，而是乐于启用那些拥有多种不同经历、喜欢标新立异的实干家。索尼公司也从不把人固定在一个岗位上，而是让他们不断地合理流动，为他们能够最大限度地发挥个人的聪明才智提供机会。在这样的环境中，索尼人特别乐于承担那些具有挑战性的工作，个个积极进取，人人奋勇争先，整个企业始终充满了生机和活力。几十年来的辉煌历程清晰地表明，索尼所取得的巨大成功，源泉正是——索尼人。

（2）能力比知识更重要

必须认识到，知识分子常自陷于自己知识的格局内，以至于无法成大功立大业。

汽车大王亨利福特曾经说过这么一句话："越好的技术人员，越不敢活用知识。"

福特是在企业经营上屡次发明增产方法的人。他为了增产的事和他的技术人员研商时，他的技师往往说：

"董事长那太难了，没有办法的，从理论上着眼，也是行不通的。"

而技术越好的人，越有这种消极的个性。因此令福特大伤脑筋。

福特实在说出了一种真理。

在日本，常听人说"白领阶层是弱者"这句话。其实好好想的话，所谓"白领阶层是弱者"这句话是可笑的，学历很高，而又有丰富知识的人，不可能是弱者。实际上如果没有一定的知识水准的话，办不了的事着实很多。但为什么那么多人说知识阶级是弱者呢？这是由于自陷于自己的知识格局内，而不能活用的关系。

在面对一个工作时，一个人如果对有关知识了解不深，他会说："做做看。"于是着手埋头苦干，拼命地下功夫，结果往往能完成相当困难的工作。

但是有知识的人，常会一开头就说："这是困难的，看起来无法做。"这实在是画地为牢，且不能自拔。所以有"知识阶级是弱者"的说法。

今日的年轻人，多受过高中、大学的教育，所以有相当的学问和知识。由于现代社会的变迁，分工很细，公司的工作项目也愈来愈繁杂，所以年轻人具备高程度的学问知识，在一方面来说，是必要而且是很好的事。但重要的是不要被知识所限制，也不要只用头脑考虑太多，要决心去做实际的工作，然后在处理工作当中，充分运用所具备的知识，这样的话，学问和知识才会成为巨大的力量。

尤其是刚从学校毕业的年轻人，最容易被知识所限制，所以要十分留心这一点，发挥知识的力量，而不是显示知识的弱点。

在实际工作中常常可以发现，一些工程技术人员虽然学历不高，却往往具有较深的专业知识和较强的实际工作能力，相反，一些高学历人员，虽然各方面都表现不错，却没有强烈的个性，与他们谈话留下的印象不深。一个人实际工作能力的高低，并不能单从学历或应聘时获得的笔试、面试成绩而看得出来的。具有了实际工作经验，也未见得能力就强，创造性就高。20 世纪 90 年代初，日本在人员招聘中提出要注重实际能力，特别是选拔事业开发型人才时主要看他的综合基础能力，就像挑选运动员苗子一样，关键看他是不是一块好材料，有没有发展潜力。所以，高学历不等于高能力。在招聘过程中更应注重招聘那些高能力的人才。

（3）人格比专业知识更重要

美克德公司是一家经营唱片和音响的企业集团，在战前，声誉显赫。可是由于战争的影响，使这家拥有一流人才和高超技术的公司，迟迟不能展开重建的工作。最后，因种种的原因，由松下电器公司接管。为了使它从战败的挫折中复兴起来，所以，松下非常慎重地思考经理的人选。最后，决定把这个重担，托付给野村吉三郎。

野村虽然对唱片和音响并不在行，但凭着勇于负责、不计名利、进取向上的精神，使这家公司重振雄风。

确实，人格就是凝聚力，就是战斗力。

（4）不可忽视心理素质和工作态度

现代经济社会的竞争是激烈与残酷的，而这势必给每一个企业每一个员工造成强大的压力。企业是否能顶着压力前行，是否能在竞争中脱颖而出，不仅看员工的技术水平和工作能力，还要看其是否具备良好的心理素质。在领导招聘新员工时，是否用心考虑过这些问题：新招进来的员工是否具有创造才能和创造精神？是否能领导和训练他人？他是否能在团队中工作？他是否能随机应变并善于学习？他是否具有工作热情和紧迫感？他在重压之下能否履行职责……在一些发达国家或地区，如美国、日本、英国等越来越重视对员工心理素质的考察，并通过一系列心理素质测试来判定招聘对象心理素质的高低。他们认为，这是一个可以减少冒险，促进做出完美决定的过程。凡此种种，目的只有一个：就是要找到心理素质较好的人才。

一个真正意义上的人才应是德才兼备的。才，无可置疑，就是反映在工作能力和心理素质上；而德，一般来说就是从工作态度中体现出来。良好的工作态度，往往能为本人带来工作激情和动力，从而提高工作效率。当然领导不能将工作态度简单的和工作绩效联系在一起，还必须考虑到企业环境的各种具体条件的影响，这是企业在日常经营管理时所应该考虑和处理好的客观因素，而在进行人员招聘时，应聘者所持有的工作态度，却是领导不得不考虑的主观因素。由此为本企业选拔到具有良好工作态度的人才，必将能使以后的经营管理工作事半功倍。

4. 对可用之才要大胆使用

古人论及用人之道，十分推重"用人不疑，疑人不用"的原则。身为领导，对于自己已用心了解的可用之才要大胆使用。领导用人不嫌不疑，不但应在人才失败危难之时，也应在其顺利有功之后，特别要防备出于嫉妒、挑拨的诬陷中伤。

冯异是汉光武帝刘秀手下的大将，更始年间归降刘秀，任主簿，从破河北割据势力王郎，封应侯，又协助刘秀镇抚河北。为人谦让，不伐己功。诸将并坐论功，冯异却常常独坐大树下，故军中号为"大树将军"。后拥戴刘秀称帝，定封阳夏侯，任征西大将军，镇压赤眉农民起义军，平定三辅割据势力，功勋卓著。

冯异手握重兵，长年征战在外，心中不安，遂上书请求内调朝廷，光武帝不许。后来有人告发冯异专制关中，擅自斩杀长安令，威权至重，深得人心，号为"咸阳王"。光武帝派使者将这些上书交给冯异。冯异内心惶惧，随即上书表示忠诚。书中说："臣本诸生，遭遇受命之会，充备行伍，过蒙恩私，位大将，爵通侯，受任方面，以立微功，皆自国家谋虑，愚臣无所能及。"光武以诏书回答冯异说："将军之于国家，义为君臣，恩犹父子。何嫌何疑，而有惧意？"表示对冯异的信任，以使冯异专注关中。

建武六年，冯异回到洛阳，刘秀立即召见并且向公卿介绍说，这是我起兵时的主簿，为我披荆棘，定关中。又提起"无蒌亭豆粥"和"滹沱河麦饭"的坎坷往事。当年刘秀镇抚河北时，为王郎部队所迫，退至饶阳县无蒌亭，恰逢天寒地冻，众人皆饥寒交迫，疲惫不堪。冯异给刘秀煮了锅豆粥。第二天，刘秀对诸将说，昨天得公孙的豆粥，饥寒俱解。到了南宫，又逢大风雨，刘秀等人在空屋中避雨。冯异、邓禹抱薪点火，给刘秀烘烤衣服，冯异又给找来了麦饭和兔肉。光武帝一直感激冯异的厚意，所以特地使中黄门赐以珍宝、衣服、钱帛。并且下诏曰："仓卒无蒌亭豆粥，滹沱河麦饭，厚意久不报。"冯异稽首谢曰：

"臣闻管仲谓桓公曰：'愿君无忘射钩，臣无忘槛车。'齐国赖之。臣今亦愿国家无忘河北之难，小臣不敢忘巾车之恩。"

所谓"巾车之恩"，是冯异追述刘秀对他的恩德。冯异早年与刘秀在一起。一次，冯异私自外出，被巡逻军士怀疑逃跑而予扣留，刘秀在巾车乡将其释放。冯异提出想回家探望母亲，刘秀慨然予以放行，以示不疑。冯异重提往事，表示不敢忘巾车之恩，是以过去君臣之间的相互信任，来重申新形势下君臣相知的关系。

冯异在洛阳逗留了十余日，刘秀多次赐宴款待，并共同商议灭西蜀公孙述的计划，然后，让冯异回任镇守关中，还允许他带上妻子、家人，以示信任。冯异也始终对刘秀忠心耿耿，以身报效而不敢有私，最后死于征伐隗纯的战斗中。

领导用人就要开诚布公，毫无猜疑。对于自己长期用心观察的可用之才，不必顾虑，让他们充分发挥自己的才干。

汉末三国时期是各方争相延揽人才，人才也各择明主的时期，因此，兄弟各仕一方的情况并不罕见，其中最著名的当推诸葛氏家族。蜀汉贤相诸葛亮的亲哥哥诸葛瑾在吴国屡任要职，仕为大将军，族弟诸葛诞在魏国也统领重兵，镇守一方。而在吴、蜀两国由联合转为对抗之际，吴主孙权对诸葛瑾的信任却始终不渝，自称君臣之间为神交，这被传为千古美谈。

诸葛瑾在汉末时躲避战乱到达江东，被人推荐给孙权，受到孙权的信任，被任命为长史，后改任中司马。

诸葛亮为孙、刘联合事出使东吴时，孙权曾授意诸葛瑾挽留诸葛亮，说："卿与孔明（诸葛亮）同产，且弟随兄，于意为顺，何以不留孔明？孔明若从卿者，孤当以书解玄德（刘备），意自随入耳。"诸葛瑾回答说："弟（诸葛）亮以失身于人，委质定分，义无二心，弟之不留，犹瑾之不往也。"明确表示兄弟各事其主，皆忠心无二的态度。

汉献帝建安二十年（215），诸葛瑾奉命到益州去见刘备，商议两国通好的事情。他与弟弟诸葛亮"俱公会相见，退无私面。"表明兄弟二人皆以公务为重，不把兄弟私情掺杂进去。

建安二十四年，孙权派军以武力强夺荆州，孙、刘联盟破裂。诸葛瑾随同吕蒙等进攻关羽，以功封宣城侯。后又任绥南将军，代吕蒙为南郡（治江陵，今属湖北）太守，驻守公安。

蜀汉刘备章武元年（221），刘备为报吴国夺取荆州及杀害关羽之仇，亲统大军讨伐吴国。孙权派遣使臣向刘备求和，诸葛瑾也写信给刘备，责备他不该为报关羽被杀的小仇，就破坏孙、刘联盟，放弃恢复汉室天下的大业。这时有人说诸葛瑾另外派遣亲信与刘备进行联系，这话传到孙权那里，孙权说："孤与子瑜有生死不易之誓，子瑜之不负孤，犹孤之不负子瑜也。"然而这些谣言流传颇广，主持对蜀作战的大都督陆逊上表给孙权，保证诸葛瑾绝不会那样，希望孙权能明确表示，以消除谣言。孙权写信答复陆逊说："子瑜与孤从事积年，恩如骨肉，深相明究。其为人，非道不行，非义不言。"并讲已把那些诬告诸葛瑾的奏疏都加封后派人送给诸葛瑾，同时还送去自己的亲笔书信。孙权在给陆逊的信中最后讲："孤与子瑜，可谓神交，非外言所间。知卿意至，辄封来表以示子瑜，使知卿意。"派人把陆逊力保诸葛瑾的表章也送给诸葛瑾。

以后，孙权对诸葛瑾的信任始终如一，诸葛瑾先后升任左将军、大将军。诸葛瑾去世后，他的儿子诸葛恪继续受到孙权的重用，孙权病危之时，任命诸葛恪为辅政大臣，托以后事。

孙权可谓知人用人的楷模。在对待诸葛瑾的问题上，充分体现了他"用人不疑"的人才观。

④ 知人靠验，辨才须待"七年"之期

古人有诗云："试玉要烧三日满，辨才须待七年期。"这说的就是一个"验"字。人都不是生而知之者，在知人方面未必不会失误。为了避免知人不明产生的危害，你必须对要任用的人进行试用，先用一些小事对其加以考察。是骡子是马，拉出来遛遛，也就能了然于胸了。

1. 找到一条科学有效的选人方法

领导要想了解所用之人的真才实学并非易事。很多人看似可用，其实只是半瓶子醋。由于社会环境的变化和竞争的日趋激烈，学历、经历乃至能力的"造假"层出不穷，已成为领导选人的严重障碍。传统的选人方法已不再适合今日的要求。

曾有一家著名企业要招聘80名管理人员，由于它条件优厚，报名者达上千人。他们采用传统的选人方式：填表、面谈、看档案、体检、试用。半年后，被选择录用的人多半都不合格，不是能力有问题，就是人际关系处理不好，培养了几个骨干，反而跑到对手单位去了，给企业造成了很大损失。所以，他们越来越觉得过去的一套选人方法如今不太适用了，光看表面材料，凭一面之词，怎么能了解他的真才实学呢？需要引进新的方式。

在西方企业里，对于人员的招募和选拔需要心理学家的参与。例如一家工业企业要测验一位候选人的领导能力，心理学家设计了一个任务，在一间工作室里，要求候选人将一堆尺寸不同、形状各异的木块，在10分钟内，拼装成一个2米见方的立方体。这时恰好路旁有两位工人，叫他们一起帮忙。实际上这两位工人不是恰好路过，而是心理学家专门派去制造麻烦的人，他们绝对尽职，但是常常帮倒忙，有时还很粗心，也会有抱怨情绪，说一些难听的话。心理学家在一旁观察，必要时对候选人从事的这项简单的工作给予消极评价，使他心理上受到挫折。从这一系列活动中，可以观察到候选人的操作能力、组织协调能力、心理耐受力和应付挫折能力。结果候选人以各种不同的方式来处理上述情况：有的自己动手拼装，让别人走开；有的成了独裁者，对工人指手画脚；还有的干脆放弃了领导角色，去听从工人的指挥。多数人在这种简单又紧张的工作中失去了自控。这些真实的一面，我们在一般的情景中是看不到的，而等他们在以后工作中表现出来时，就会给企业造成损失。所以，一套科学有效的选人方法是至关重要的。正确的选人步骤是怎样的呢？

（1）要进行工作分析和工作者分析。并不是领导觉得缺人了，拍脑子就决定招人。而是要确定工作内容、范围，需要什么知识、技能和职责，需要几个人来完成，制定出工作分析手册，这样对于招聘、选择、考评、培训等一系列工作就容易进行了。对于应聘者来说，自己是否适合有关工作，也是一目了然。

（2）进行招募工作。招募手段很多，常见的有刊登广告、通过人才交流会、猎头公司或就业机构去招人，招不同水平的人才要用不同的方式，以避免不必要的浪费。这里面关键是在招募时，双方都会不自觉地说谎：应聘者希望给别人好的印象，而夸大自己的才能；企业为了吸引人才，把工作前景描绘得很美好。结果到了实际工作中，双方都会产生失望情绪，人员流失率就会增加。例如美国的希尔斯公司把他们的优点缺点如实告诉应聘者，结果聘用的人员，很少有人不满意。

（3）实施选人技术。有位经理想招一个助理，人事部门选出 5 位候选人，都是大学毕业，各有才能，经理就有些眼花，不知该选哪一个好。心理学家帮他设计了一套面谈程序，其中要问他为什么要离开原来的单位而到本单位来，能为本单位带来什么财富，过去有什么成功经验和失败教训，将来有怎样的个人计划等等，还要给他提一两个工作案例，要他提出解决方案。通过这些方法，你可以了解到应聘者在处理事和人的能力方面，有什么潜在的能量，有怎样的抱负等等。除了面谈以外，选人技术还包括智力测验、性格测定、各种能力评估（案例法、角色扮演、情景模拟、无领导讨论和文件处理等），可以根据企业的需要来设计内容。实施选人技术前，要对主试人员进行专门的培训，即使是面谈也需要很高的技巧，例如要了解一个人的过去工作经历，可以提以下一些问题：

你毕业后做的第一项工作是什么？

你认为你在哪件工作中取得了哪些主要成绩？

你在什么事上处理得不好？而又有哪些事为你进一步发展提供了机会？

在哪件工作中，你对自己有了什么了解？

你感到哪件工作中的哪些方面最令你满意？

关于早期的成长经历又可以问以下几个问题：能不能描述一下你父母的性格？有没有兄弟姐妹？关系怎么样？他们对你的发展有什么影响？你觉得你更像你父亲还是母亲？在哪些方面？通过对一个人早期经历的了解，领导可以更容易地看到他的许多心理侧面。

另外，领导在选人时很容易去找最好的人，实际上应该去找最合适的人。一个优秀的工程师，不一定是合格的管理者。管理领域有个规律性现象：一个人在某个位置干得好，不一定要提拔到更高位置；否则就会不称职，而降职又非常困难。所以，人尽其才是把人才放在最合适的位置上，这样对企业和个人都有益。

2. 在比较中找到你所需要的人

俗话说"不怕不识货，就怕货比货"。把比较的方法用到领导知人用人中，是检验人才的一种好方法。

通常，领导选人运用的"比较鉴别法"是指把两个或两个以上的同类人才放在一起进行考查，鉴别其个体素质的共同点和差异点，加深对考察对象的认识，从而了解和掌握某一个或某一类人才的基本情况。

比较鉴别法的主要类型有横向比较、纵向比较、正反比较和思维比较。

所谓横向比较，就是从空间上去看一个人与另一个人的区别，在左右的对比中鉴别优劣。横向比较有两种形式，一种是以某个考查对象为坐标参照系，横向延伸，选择基本情况相似、相同、相近的同类干部为对象进行比较，以便看其优劣程度。比如一位领导推选某人为班长，对他能否胜任心中无数。这时，便可以把这个人与本单位其他几位班长进行综合比较。如果比较的结果不相上下，就可以肯定这个人能够胜任班长；如果比较的结果差距太大，就可以考虑另换他人。另一种形式是确定几个对象进行考查，通过比较，好中选优。这种形式的缺点是，容易出现"矬子里面拔将军"的现象，所以在实践中要与第一种形式结合起来效果才好。

所谓纵向比较，就是从时间上去看一个人的变化，在前后的对比中认识优劣。纵向比较法要求领导从一个人的变化看发展，因为任何人都是随着时间的推移，在不断发展变化的，这种变化的客观性就决定了识人的客观性，绝不能凭老印象看人，要随着人的发展变化改变对人的看法。这是实事求是的思想路线的体现。

对一个人的看法，要既看过去，又看现在，把过去和现在联系起来观察，重在现实表现上。例如对犯过错误的人，就应该把他的错误和他的全部历史表现联系起来看，不要孤立地只看他的一时一事。他的历史表现一贯比较好，其错误则属偶犯。其历史表现一贯不够好，其错误则属屡犯。对待偶犯和屡犯应该加以区别对待。另外，还应该把他过去犯的错误和他今天的现实表现联系起来。看他是否已经改正，如果已经改正，就不应该影响对他的信任和使用。所谓长短比较，就是对一个人既要看长处，又要看短处，通过长处与短处的比较。看哪是主流，哪是起主导作用的因素。优点和缺点是作为一个统一体存在于一个人身上，是相辅相成的。例如有的人很有能力，就可能有些"骄傲"；有的人小心谨慎，就可能有些懦弱无能；有的人办事很果断，就可能有些"主观"；

有的人勇于创新，就可能有些不够稳重；有的人喜欢做事务性的工作，就可能不爱学习；有些人善于搞宣传鼓动，就可能不太扎实。优缺点是相互联系、相互依存的。如果他主流是好的，而他的缺点又不妨碍本职专业，就应大胆使用。

所谓正反比较，就是对考察一个人的正面意见和反面意见相比较，在求同存异中鉴别优劣。对一个人看法不一致是经常出现的。不要怕有不同意见，要主动征询和认真听取不同意见。通过不同意见的比较，求得正确的一致看法。一时拿不准的事，如果没有不同意见，最好不要匆忙下定论。

所谓思维比较，就是把一个人与其他人的思维方式进行比较，以便确定其所适合的工作岗位。实践证明，在外部条件基本相同的情况下，一个人的思维方式如何，对其所担当的工作影响很大，一个研究社会科学的人，如果没有较高的抽象思维能力是不可能胜任社会科学研究工作的；一个爱好文学的人，如果没有一定的想象能力是不可能搞好文学创作的；一个企业家如果没有敏感的创造性思维，也是不可能搞好经济建设的。所以，在考查人才时，要比较哪个思维方式科学性强一些，适合这项工作，哪个思维方式科学性差一些，不适合这项工作。以便选优汰劣，用准、用好人才。

为了使比较鉴别法在领导工作中发挥更好的作用，我们还必须注意比较的科学性。

（1）切忌单项因素的比较。在比较两种事情的时候，不能从每一件事情中随意抽出一些单项因素做比较后就下结论，而要把有关的因素加在一起做全面综合的比较。比如，两个人才相比较，一个优秀人才会有缺点，一个较差人才也会有优点，如果看到这两个人才都有某种相同的缺点或相同的优点，就认为这两个人才都一样，甚至说这个优秀人才还不如那个较差人才，那就不对了。

（2）条件不同，基础不同，比较的方法也应不同。条件不同者，应先比条件，而后再比事物自身的情况，基础不同，比的起点也应不同。俗话说：站在梯子上的人，不能同站在地上的人比高低。有些人简单地拿年轻人与干了几十年的人比较领导的经验，越比较越觉得"生姜还是老的辣"，不敢大胆选拔年轻人才。如果把现在的年轻人才同人才年轻时比，就有可比性了。

（3）非同类项不能相比。算术里的不同名数，不能相加减；数量和重量不能相比。两种事物必须是同类、同一范畴的、同一标准的，这样才有可比性，不能风马牛不相及，没有任何联系的事物不可以比较。总之，我们在运用比较鉴别法时一定要以科学的方法，科学的态度。比可以比者，比应当比者。

比较选人，是领导认识人才本质的一种重要思维形式和逻辑方法。"比比看看，异同自辨"，只有相互一比较，哪个更适合领导要求，自然就验出来了。

3. 要敢于用重任考验人才

"小试"并非一定就能"验"出大才来，真正的人才可能并不擅于应对"小试"，而在关键时刻，他们却能独当一面。因此，领导要敢于用重任来考验人才，不要怕损失。错过一名可堪重任的英才才是最大的损失。

蔺相如为战国时赵国有名的大臣，他完璧归赵的故事几乎家喻户晓，流传了二千多年。他最初只不过是赵国宦者令缪贤的一个门客，毫不为世人所知，是经过缪贤的推荐，才被赵王委以出使秦国的大任。

赵惠文王时，得到了天下至宝楚国的和氏璧，非常高兴。秦昭王听说后，派人给赵惠文王送来一封信，愿意以 15 座城池换和氏璧。当时秦强赵弱，赵王不知如何是好，急召大将军廉颇与各位大臣商议，商议来商议去，仍觉进退两难：若把和氏璧送给秦国，恐怕秦国得璧而不予城，徒然为其所骗；若是不给，又怕秦对赵发动进攻。有人说，不如派个使臣先回复秦王，可就是找不到能承当此任的合适人选。这时，宦者令缪贤说："臣舍人蔺相如可使。"赵王问："何以知之？"缪贤向赵王叙述了一段往事，他说："臣尝有罪，窃计欲亡走燕，臣舍人相如止臣，曰：'君何以知燕王？'臣语曰：'臣尝从大王与燕王会境上，燕王私握臣手，曰愿结友。以此知之，故欲往。'相如谓臣曰：'夫赵强而燕弱，而君幸于赵王，故燕王欲结于君。今君乃亡赵走燕，燕畏赵，其势必不敢留君，而束君归赵矣。君不如肉袒伏斧质请罪，则幸得脱矣。'臣从其计，大王亦幸赦臣。臣窃以为其人勇士，有智谋，宜可使。"赵王于是召见蔺相如，问道："秦王以 15 城请易寡人之璧，可予不？"蔺相如回答说："秦强而赵弱，不可不许。"赵王说："取吾璧，不予我城，奈何？"相如说道："秦以城求璧，而赵不许，曲在赵；赵予璧，而秦不予城，曲在秦。均之二策，宁许以负秦曲。"赵王又问谁可出使，蔺相如说："王必无人，臣愿奉璧往使。城入赵而璧留秦；城不入，臣请完璧归赵。"赵王遂委蔺相如出使秦国的重任，让他携和氏璧西入秦。

蔺相如抵达秦国，秦王在章台召见，蔺相如把和氏璧献给秦王。秦王大喜，把宝物传给美人及左右近臣观赏，众人欢呼万岁，秦王非常得意，不再理蔺相如，也不提给赵国 15 城的事。蔺相如见秦王无意给予城池，走上前对秦王说："璧有瑕，请指示王。"秦王把璧拿给他，他拿过来立即退下，倚在柱子上，怒发冲冠，对秦王说："大王欲得璧，使人发书至赵王，赵王悉召群臣议，皆曰：'秦贪，负其强，以空言求璧，偿城恐不可得'。议不欲予以秦璧。臣以为布衣之交尚不相欺，况大国乎！且以一璧之故逆强秦之欢，不可。于是赵王乃斋戒五日，使臣奉璧，拜送书于廷。何者？严大国之威以修敬也。今臣至，大王见臣列观，礼节甚倨；得璧，传之美人，以戏弄臣。臣观大王无意偿赵王城邑，故臣复取璧。大王必欲急臣，臣头今与璧俱碎于柱矣！"蔺相如一边说，一边看着石柱，作以璧击柱状。秦王见状，唯恐他把这无价之宝一把摔碎，连忙向蔺相如道歉，并召来官员，取出地图，指划着把哪 15 座城池给予赵国。蔺相如思忖，这一定又是秦王的诡计，诈称给赵国城池，待拿到璧后，还是不给。因此对秦王说："和氏璧，天下所共传宝也，赵王恐，不敢不献。赵王送璧时，斋戒五日，今大王亦宜斋戒五日，设九宾于廷，臣乃敢上璧。"秦王考虑，终不敢从蔺相如手中强取硬夺，遂答应斋戒五天，并令人把他安排在广成馆舍。蔺相如心知秦王虽然斋戒，还会负约不予城池，于是令随从装扮成百姓，带着和氏璧返回赵国。

　　秦王斋戒五天后，在廷中设九宾的礼仪，派人请来赵国使者蔺相如，相如来到后，对秦王说："秦自缪公以来二十余君，未尝有坚明约束者也。臣诚恐见欺于王而负于赵，故令人持璧归，间至赵矣。且秦强而赵弱，大王遣一介之使至赵，赵立奉璧来。今以秦之强而先割十五城予赵，赵岂敢留璧而得罪于大王乎？臣知欺大王之罪当诛，臣请就汤镬，惟大王与群臣孰计议之。"秦王君臣满怀希望会得到和氏璧，一听蔺相如这番话，都气得目瞪口呆。秦王手下要把蔺相如拉下去处死，秦王却冷静地说："今杀相如，终不能得璧也，而绝秦赵之欢，不如因而厚遇之，使归赵，赵王岂以一璧之故欺秦邪！"然后他便再次接见蔺相如，礼节完备地把蔺相如送回赵国。

蔺相如回国后，赵王认为他很有才智，没有使赵国受到秦的屈辱，拜他为上大夫。后来秦国没有把城池给予赵国，赵国也就不再把和氏璧送给秦国。

蔺相如以官吏门客而受上大夫的大任，这与赵惠文王关键时刻敢于用重任来考验他有很大关系。赵惠文王只见蔺相如一面，便敢于委以重任，说明他敢于用人，善于验人，有知人之明。

4. 时间是最公正的裁判

领导辨察人才的确不易。考察一个人的是非善恶，不能看一时一事，要长期观察，辨别，让时间这个最公正的裁判来断决。

王莽是汉元帝皇后王政君的侄子。成帝时，王氏家族显贵。因王莽的父亲王曼早死，未及封侯，王莽在王氏子弟中算是比较寒微的一个："莽独孤贫，因折节恭俭，勤身博学，被服如儒生，事母及寡嫂，养孤兄子。"给人以恭敬、笃慎、勤恳的印象。大司马王凤（王莽伯父）病重，王氏子弟只知享乐宴游，唯独王莽"侍疾，亲尝药，乱首蓬面，不解衣带连月。"以此，王凤对他很有好感，有名望的大臣也纷纷上书称扬王莽。汉成帝顺水推舟，封王莽为新都侯。王莽参与朝政后，待人更加谦恭，处事更加谨慎，不久，升为大司马录尚书事，总揽朝政。

　　王莽秉政期间，确实做过一些好事，使他的声名大噪。一是搜罗人才。他征集天下通晓今古文经学及天文、历算、文字、兵法、方术、本草的士人到京师，分别任用；又扩展太学规模，学舍可容万人，博得天下士人的拥护。二是推让爵禄。由于王莽甚得人心，当时有四十八万吏民联名请求太皇太后重赏王莽的功德，王莽坚辞。太皇太后封以"安汉公"，王莽不肯接受封号和封地，甚至请了病假，极力推让。太后不肯收回成命，王公大臣又劝王莽接受。王莽不得已接受封号，但坚持把封地辞退掉。三是严惩亲子。王莽的儿子王获无辜杀死奴婢，王莽认为这样做违背了"天地之性人为贵"的原则，责令王获自杀。当时，社会上存在大量奴隶，供人驱使，过着非人的生活。王莽以人道为名，令子自杀，显然博取了奴婢与贫民的好感。四是示俭助贫。汉平帝元始二年（后2），中原地区发生旱灾和蝗灾。王莽建议减税节支，要公府节省衣食，王莽全家带头吃素，又献钱一百万、田三十顷赈济灾民；官员富民也纷纷效法，有二百三十人捐献田宅。王莽又废除皇家苑囿，设置安民县（今甘肃华亭县），募贫民迁居新县给予安置，还免费提供饮食。同时在长安城内建造住宅，以安置贫民。

　　王莽的上述行动，不但得到统治阶层的称扬，也博取了民众的好评。甚至被誉为前无古人，有尧舜之德与圣人之行，尽管王莽已露出沽名钓誉、笼络人心的端倪，但人们并没有怀疑他，指责他。

　　王莽的矫作伪饰是在篡权过程中暴露出来的。他为了进一步操纵平帝，将自己未成年的女儿纳入后宫，立为皇后，同时杀死平帝生母卫姬一家。他诱逼平帝喝了毒酒，却又模仿周公故事，向天祈祷保护皇帝平安，还将自己愿以身代的祷文密封匣藏，告诫大臣不要传扬。平帝不久病死，王莽号啕大哭，通令天下官吏六百石以上皆守孝三年。他拥立年幼的孺子婴即位，却恶毒地指令保傅不得与孺子婴说话，将孺子婴终日禁闭屋内。他作了摄政皇帝后，刘氏宗室起兵反对，王莽为了安抚人心，指天发誓要将政权还给孺子婴，但起兵失败后，又食言自肥，终于篡汉自立。

从今天的角度来看，不能以篡汉自立将王莽一棍子打死，至于王莽改革的失败也不能完全归罪于他。但王莽个人品质遭人非议的确是事出有因，查有实据的。按照白居易的说法："倘若当初身便死，一生真伪有谁知。"如果王莽在刚刚成名，众望所归的时候死去，人们就永远会将他作为圣贤敬仰。借此无非是说明，一个人的言行和本质有一个发展过程，领导对他的认识也有一个由表及里，由浅入深的过程。

所以，领导切不可因一个人的日常表现就妄下定论，长期观察辨别，让时间来做裁判，才是可行之举。

三忌

布局而不能控局

让局面尽在自己的掌控之内

◇◇◇

领导者需要维持的局面不管是大还是小，都首先要有布局的头脑——对资源要统筹规划、对各种问题和矛盾要了然于胸等等。但是，布局只是问题的一个方面，布局之后如果管理方法不对头、措施不到位也可能面临失控的危险，所以，还要以恰当的手段和技巧控制局面。掌控有力而得当，局面的发展走向才能始终在自己设计的轨道之内。

① 控局先控己，对你的权力负起责任

自控是领导者掌控局面的先决条件。在生活中，具有诱惑力的东西和令人不满意的东西随时会困扰你。如何更好地控制自己，关系到你是否能驱除困扰，笑到最后，也关系到你今后地位的高低、声誉的大小、财富的多少。记住，能掌控自己的人，才能掌控全局。

1. 控制好自己的个人情绪

情绪是和人的追求联系在一起的。学会控制情绪是领导者必备的一种心理素质。任何一名善于控局的领导，都深知控制自己的重要性。

领导风度要求管理者要稳重大方，慎重于一言一行，遇到多大的事情也不会大惊失色，因睚眦小事引起的心理细微变化更不能显露在外表上。

一些领导往往会因为下属的工作出现一点儿错误或不当就会大发雷霆，显示出怒不可遏的样子。

一些领导会因为在家里与家人发生了不愉快的事情，而把一张阴云密布的脸带到工作岗位上。

一些领导会把工作上的一时不顺，牵连到下属身上，这种无端而生的做法在他自己看来似乎还不无道理。

许多领导在某个职位上，十几年甚至几十年都得不到提升，会埋怨、大发牢骚，却不想想其中的道理。

许许多多领导又常会招致大多数下属的厌恶，上司对他们也不会有好的评价，这又是为什么呢？

其中，一个很重要的原因，可能就是你对自己的一言一行缺乏应有的控制，从而常会失去领导者所应该具有的冷静、理性，任凭感情所驱使。

一些领导博学多才，经验丰富，但是仿佛是命运的安排，同事、下属很少对他们尊敬、爱戴。工作上这些领导的决策可以说是英明的，但结果却很糟糕。这样的领导，直到退休或离职，在下属的心目中，都没有太大的好感。原因很简单，这些领导总是在工作中感情用事，没能很好地团结大多数下属。

如果你在办一些事时，总是感情战胜理性，下属会认为你是一个很幼稚、肤浅、不称职的领导，会看不起你。从而不喜欢接触你，于是更谈不上建立良好的关系。

更有甚者，因为你的喜怒无常，不仅影响工作，还会招来下属的忌恨，这对你来说是非常不利的。

纵观历史上那些杰出的领导者，他们都能很好地控制自己的情绪。即使大权在握，他们也能在盛怒下做出冷静的决定。

侯生，韩国人，史佚其名，原为秦始皇信任的方士。侯生虽受秦始皇信任，但他知道自己是提着脑袋过日子，弄一些连他自己都不相信的东西欺骗秦始皇，早晚是要被识破的。于是，在秦始皇三十五年（公元前212年），侯生与另一个方士卢生一合计，决定"三十六计走为上"，跑了。临行前散布了一堆秦始皇不爱听的话，称："始皇为人，刚愎自用；灭诸侯，并天下，意得欲纵，以为自古没人比得上自己；专任狱吏，狱吏得亲幸；博士虽七十人，只是备员而不用；丞相诸大臣都是接受已经决定好的事情，在皇上的指示下进行办理。皇上乐以刑杀为威，天下都畏罪持禄，不敢尽忠。皇上听不到自己的过错，一天比一天骄傲，臣下则慑伏谩欺以取容。秦法，不得一个人兼行两种巫术，不灵验的就处死。但是候星气占卜者多达三百人，都是良士，他们畏忌讳谀，不敢直言皇上的过错。天下之事无小大都由皇上来决断，皇上批阅文件用衡石来称量，每天都有限额，不达到定额不休息，贪恋权势到如此程度，不可以为他求仙药。"这番话的结果，是酿成了四百六十余人被坑杀的悲剧。

侯生、卢生知道自己犯了死罪，为了缩小目标，便分头逃亡。卢生一去再无音信，不管有何传说，反正秦始皇再没见过他。而侯生不知何故，是过不惯逃亡的日子？是舍不下亲人？还是对四百六十余人的死感到内疚？居然壮着胆子又回来了。

秦始皇获知侯生回来了，立即下令将其拘来见自己，准备痛骂一顿后车裂处死。为此，秦始皇做了一番精心的准备，特意选择在四面临街的阿东台上怒斥侯生。这里能够让许多人都看得见、听得着，可以起到杀一儆百的作用。当始皇远远望见侯生走过来时，便怒不可遏地骂开了："你这个老贼！居心不良，诽谤你主，竟还敢来见我！"周围的侍者知道侯生今天活不成了。

侯生被押到台前，仰起头说："臣闻，知死必勇。陛下肯听我一言吗？"始皇道："你想说什么？快说！"

于是，侯生鼓动起嘴巴说道："臣闻：大禹曾经竖起一根'诽谤之木'，以获知自己的过错。如今陛下为追求奢侈而丧失根本，终日淫逸而崇尚末技。宫室台阁，连缀不绝；珠玉重宝，堆积如山；锦绣文采，满府有余；妇女倡优，数以万计；钟鼓之乐，无休无止；酒食珍味，盘错于前；衣裘轻便和暖，车马装饰华丽。所有自己享用的一切，都是华贵奢靡，光彩灿烂，数不胜数。而另一方面，黔首（秦时对不做官之人的称呼）匮竭，民力用尽，您自己还不知道。对别人的指责却恼怒万分，以强权压制臣下，以致下暗上聋，所以臣等才逃走。臣等并不吝惜自己的性命，只是惋惜陛下之国就要灭亡了。听说古代的圣明君主，食物只求吃饱，衣服只求保暖，宫室只求能住，车马只求能行，所以上没有看到他们被天所遗弃，下没有看到被黔首抛弃。尧时茅屋顶不修葺，栎木房椽不砍削，夯土三级为台阶，却能怡乐终身，就因为少用文采、多用淡素的缘故。丹朱（尧之子）傲慢肆虐，喜好淫逸，不能修理自身，所以未能继承君位。如今陛下之淫，超过丹朱万倍，甚于昆吾（夏的同盟者）、夏桀、商纣千倍。臣恐怕陛下有十次灭亡的命运，而没有一次存活的机会了。"

听了这番话，始皇默然良久，之后缓缓说道："你何不早言？"侯生回答："陛下的心思，正在飘飘然欣赏自己的车马服饰旌旗之物，且自认有贤才，上侮五帝，下凌三王；遗弃素朴，趋逐末技，陛下灭亡的征兆已经显露很久了。臣等生怕说出来也没有什么益处，反而自己送死，所以逃亡离去而不敢言。现在臣必定要死了，才敢向陛下陈述这些。这番话虽然不能使陛下不灭亡，但要让陛下知晓明白为何灭亡。"始皇问道：

"我还可以改变这一切吗？"侯生回答："已经成形了，陛下坐以待毙吧！如若陛下要想有所改变，能够做到像尧和禹那样吗？如果不能，改变也毫无意义。陛下的佐助又非良臣，臣恐怕即使改变也不能保存了。"始皇听后长长地叹了一口气，下令将侯生放掉。

秦始皇在已经取得了骄人的功绩，目空一切的前提下，尤能在盛怒之时控制好自己的情绪，的确让人钦佩。

身为领导者必须记住控制自己的重要性，不能控制自己，就无法与人相处好，也就无法引导别人，更谈不上控制局面了。

2. 使自己能够胜任各种角色

自控并不意味着一成不变。作为一个领导者，所担负的责任远比员工要多得多。所以，能适应各种角色的变化，也是领导善于控制自己的表现之一。领导并不好当，要做好分内的工作，就得善于学习，努力扮演好各个角色。

（1）一个好的领导者必须是个策划人

一个好的策划人必须了解各个构成计划功能的要素，这些要素可以归纳为六点。

· 预计未来的工作量。

· 审定工作，使其朝向某一特定的目标。

· 决定必须完成的工作。

· 决定如何完成工作。

· 决定从何处着手。

· 决定何时着手。

　　当然，他还得经常不断地督导计划的实施，使每件事都能依计划进行，若有错误应立即改正。

　　拟定计划时应有远见，不可像过去一样只做两三年的计划，而是做出 5 ~ 10 年以上的长期计划，并决定出行动方案。同时，领导者或监督人员还得利用现有的一切方法及技术，使自己的估计更切合实际。

　　（2）一个好的领导者必须是一个组织能手

　　他必须能利用现代有系统的各种技术来建立健全他的组织。从前，领导者只凭个人本身的修养与观念去进行组织工作，但是今天，他却有各种现代化系统化的技术可资利用。一个懂得如何运用这些技术的监督人，才能建立起完善的组织，也唯有这样，才不致因起初计划的草率而导致后来不断的修改。完善的组织，一方面可增加生产，同时也可减少工作环境中的混乱。一个领导者或监督人需能确定必须完成的工作，把零杂的工作归类，再分成可由个人独立完成的工作单元，然后决定哪些部分该由自己处理，哪些部分该由部属处理。组织不过是确定及编配要做的工作，规定及授权，使部属有效地工作以完成其任务的一种过程而已。

　　（3）一个好的领导者必须是个协调人

　　企业组织中，监督人的主要职责之一是把要做的工作与现有的资源密切地配合，这对一个监督人来说是需要很高的技巧的。在资源日趋匮乏，而工作日益繁重的今天，这种配合工作特别重要。通常监督人需要一位助手协助完成这种工作，因此，领导者须划分阶段及范围，以便协调，而这份工作通常也由部属去执行。

　　（4）一个好的领导者必须是一个管制人

现代的领导者都致力于系统制度的建立，希望借此与企业组织内务部门保持密切的联系，这样，一旦出了差错，便可立即改正。通常，高阶层的管理系统均由专家设计，但是领导者仍需决定他所需要知道的事，以便专家依据他的需要来设计管理系统。监督人员也须先决定哪些资料是他所需要的，以作为考核工作绩效及配合进度的依据，并以此了解人员、设备、补给和输出或生产的最新情况。此外，他还应订下一种有关成本、品质及生产的标准，作为个人工作的准绳，并实施内部必要的检讨等，这些都是一个监督人要了解组织内一切事情的必要措施。

（5）一个现代领导者必须是个分析人

在设计某一个可以为监督人提供重要资料的系统时，分析方法是极为重要的。因为，资料在未经适当的分析前，用处并不大，而分析技术范围之广是前所未有的，所以，应该先把事情解剖，仔细观察、分析，然后还原。凡是他人所提供的工作资料都必须加以分析，以决定是否合乎标准，是否配合预定进度表，以及是否符合预定开支和收益。这种分析对调查工作不良的原因特别重要，同时，从这些资料中更可看出目标及方法是否正确。

（6）一个好的领导者必须是个推动人

一个企业组织中的成员，一旦被派任某项特殊职务去执行一项重要任务时，整个机构就会生机盎然。所以，现代监督人员大部分时间都花在自己如何保持组织内较高工作效率上面。特别是在技术不足的部门，领导者尤其要调动一切积极因素以使工作符合自己的目标，同时又符合整个机构的目标。从研究结果中，我们发现部属的工作绩效大半靠监督人员的激励，因此，监督人员要能为部门制造良好的工作环境，提供升迁机会以及其他能吸引具有发展潜力的部属和良好工作绩效的条件。

（7）一个好的领导者必须是个设计人

领导者愈来愈需要改变和创新，因此，他必须在这方面不断推出新构想，运用新技术，不过因为领导者每天都要解决许多复杂的问题，也就忽略了这方面的职责。他应该不断地革新，这样不但可使部属打破常规，对外界的改变及考验更具信心，而且还可随时修正各项程序、计划目标及作业等以配合客观条件。

（8）一个好的领导者必须是个意见的沟通人

现代企业组织关系中，大家愈来愈注意管理方面的密切联系，而且都在研究如何才能更有效而准确地相互沟通意见及思想，因此，领导者都把注意力集中在发掘那些阻碍信息、意见等在整个机构中畅流的真正原因。"畅流"的主要目标是要传递及接收完整而精确的信息，同时，整理出机构中共同的意见及应循的方向。如果实施得法，便可促进成员与成员，部门与部门之间的相互了解。此外，一个好的监督人还要不断地分析及督导管辖部门，使意见及信息确能畅通无阻。这也是考验各级监督人员的一种方式。

（9）一个好的领导者在许多情况下也必须是个老师

虽然训练部属是专家们的事，但是有些训练，除监督人员外，别人是不能替代的。因为监督人员与部属间的关系特殊，其训练方式和使用的教材都与训练专家截然不同。他的主要职责之一是训练能干的部属使其具有发展潜力。但是，监督人只是发现人才是不够的，一定要使这个"人才"愿意接受训练才行。如果我们记忆力不差，应该还记得一个好老师应是：

教学相长，听与讲并用。

乐"教"不倦，而学者乐在其中。

喜欢与人相处，特别是学生，并且言行一致。

具有完美的人格，学生对他深具信心。

有教无类，并以青出于蓝为最大的欣慰。

要想做一个好老师，他须竭尽所能，有勇气接受失败，并具有不断追求成功的决心。

（10）一个好的领导者必须好学不倦

如果想要做一个好老师、监督人，必须先是个好学生。现代管理学日新月异，监督人员必须不断学习新技术及新方法，绝不可以为自己已经受过良好的训练而耽误学习，因为这种训练可能隔一段时间就会落伍，而新的技术、方法却都是他从未运用过的。客观而言，教育和训练对我们的生活都很重要，教育可以扩展一个人的知识领域，使生活更为充实，而训练可以为以后的工作做准备。因此，领导人或监督人必须先接受良好的教育和训练，然后才能教育和训练部属。

（11）一个好的领导者必须是个决策人

领导者的职责及功能发挥到高峰，便是下决心。他运用一切管理学上的方法和技术，其目的也在于做一个正确的决定，而每一个人做决定的方法和程序都不尽相同，因此，监督人员必须把这些方法和程序"系统化"，才能适时做出精密的决定。"系统化"地下定决心也就成了领导者个人修养和生活方式中很重要的一环，其方法是把例行公事让部属去执行，监督人员才有空余时间去解决复杂而困难的问题。不过领导者不应替部属做有关例行公事的决定，他应该与部属直接讨论问题，最后授权给最底层的负责人去做决定，但仍应负成败之责。因此，领导者常常是紧张而孤独的。但是对于那些有勇气、有干劲、有才能和训练有素的人，他们所得到的报酬是成功的滋味、受人景仰和个人的欣慰与满足。

善于自控与随波逐流的区别就在于是因环境的改变而被动变化，还是控制好自己主动适应不同环境。如果你仅是一名员工，你可以选择随波逐流；如果你想做好一名领导，你必须控制好自己，当好每一个角色。

3. 领导一诺值千金

俗话说："君子一言，驷马难追"。做人尚且如此，做领导当然要求更高。

有些领导善于给员工许诺，而且喜欢给员工许诺，他们认为：把好话说在前面，就能提高员工的干劲，让员工更加努力的工作。而事后诺言是否兑现却不加关注。达到了员工的期望还好，达不到则很容易在员工心目中留下一个"不守信用"的印象。这时，领导就很难再次获取员工的信任。

"言必信，行必果"。领导要控制好自己的言语，不能轻易许诺，一旦许诺就要千方百计地达到目标，即使既得利益遭受损失，也得言行一致。

春秋时期，晋文公有一次率领军队攻打原城，他与全军将士约定只打十天，十天打不下来就撤兵。于是每个人只带了十天的口粮就出发了。到了原城，虽然全军将士奋勇作战，但由于原城人顽强抵抗，到了十天原城还没有被攻破。于是晋文公就下令收兵回国。

这时，有一个从原城出来的人见到晋文公说："原城里的粮食快吃完了，士兵也没有力气作战了，他们最多只能再支持三天。"群臣也都向晋文公进谏说："我们还是再坚持一下吧，再过三天我们就可以得到原城了。"晋文公说："我和将士们约定好只打十天，现在已经十天了，如果我不撤兵，那我就失信了。得到了一个原城却失去了信用，这是很不值得的，我不能这样做。"于是就收兵而去。原城人听说了这件事，都说："哪有君主像他那样守信用，我们为什么不归顺他呢？"于是原城人就归降了晋文公。卫国人听说了这件事，也说："能有个君主像他那样守信用，我们为什么不也归顺他呢？"于是卫国人也归顺了晋文公。

好的领导，常有许多共同的优点，其中很显著的一点便是在任何时候都诚实守信，遵规守约。他们常常遵循这样的原则：要么轻易不与员工相约，要么就要信守诺言，竭尽全力去办。领导在管理工作中必须铭记：说出去的话就像泼出去的水，无法收回。

如果你当众宣布："若能超额完成任务，大家月底能拿到40％的红利。"这是怎样的一则消息呢，情绪亢奋的员工可能无暇顾及它的真实性了，员工的想象力早已进入了月底分红的那一幕。这个月员工们必定会热火朝天地工作，扳着指头盼望着月底的到来。到了月底，你的员工们都眼巴巴地指望你能说话算数，而你却只能来一句——对不起！想想看，这后果是多么的可怕。如果你下次再发出号召，让员工们苦干并给予一定的奖励，有谁还会为你真心真意地干活呢？谁都会对你的话打一个大问号。而一旦员工有了这样的心态，那么你在组织中就是一个彻底的失败者。你的权威没有了，难得树立起来的信任也失去了，赤裸裸的雇佣关系会让你觉得自己置身于一个由僵硬的数字符号构筑的组织环境之中。

　　说到就要做到是领导自身最宝贵的无形资产，应该说这也是领导在管理员工中的立身之本。李嘉诚在总结自己的成功经验时说："人的一生最重要的是守信，说到就要做到。我现在就算有多十倍的资金，也不足以应付那么多的生意，而且很多是别人找我的，这些都是为人守信，说到就要做到的结果。"

　　那么如何才能做到恪守承诺，按时做你说过要做的事情，以下"三步曲"可供参考：

　　步骤1：在做出任何承诺之前都要深思熟虑。如果不能完全肯定自己能够实现，那就不要承诺，承诺要全心全意，要保证它能不折不扣地实现。当你说："干完这件事，我给你加薪。"你心里就要确保这个承诺能兑现。

　　步骤2：按时实现自己的承诺。

　　步骤3：如果发生了你事先难以做出合理预见的事情，而使你不能实现承诺的话，应该立即开诚布公地与接受你的承诺的员工重新进行商洽。这件事要尽快做，不要等到火烧眉毛。如果人们知道你一般总能恪守承诺，而在无法实现时也会尽可能地和他们来进行协商，员工就会相信，你是一个可以依靠、可以信赖的管理者。

　　领导的命令不是圣旨，但你的承诺却有着沉甸甸的分量，对于你不能实现的诺言，最好今天就让员工失望，不要等到骗取了员工们的积极性后的明天再让他们失望。人们推崇的是许下诺言并勇于承兑诺言的守信作风。一名成功的领导，就应该是一位从不随便乱开空头支票，言出则必行的谦谦君子。人并不是机器，不是你说给他什么指令就会分厘不差地按你的要求完成。所以，每一位领导都应该记住一条准则：既然你说到了，你就一定要做到。这样才能赢得人心，让员工信赖你，你才能控制好局面，才能管好员工。

4. 由自己来控制时间

杰出的领导者们，首先并不是着眼于他们的任务，而是着眼于他们的时间。他们把时间置于自己的控制之下，不让下属和琐事占用它们。他们清楚时间应该花在什么地方，然后再使用自己的时间。

领导者的时间成本远高于普通员工。因此，身为领导更应讲究时间的使用效率，花一分时间就要有一分收获。

作为领导者，当你知道什么工作可以由别人来做的时候，你就可以把它们分配出去，不要再去费心考虑它们。对于那些剩下来的必须由你本人亲自处理的事情，你也得分出主次和先后。

有一个领导，他的工作总是杂乱无章、一塌糊涂，原因就在于他不知道怎样做决策，也不知道什么事情应该先做，什么事情应该后做。任何工作对他来说都是急的，每个星期他都会给他的行政工作人员、他的部门领导和一些分公司的领导发去几十份画了红框并写上"加急"字样的备忘录。可结果哪件事情也没有得到及时的处理，原因在于每件事情都写上"加急"的字样，就使每一件事都变得不急了，变成了日常工作。

最后当他一筹莫展的时候，一个专家这样忠告他：

如果你能把你的问题排出个先后顺序，它们就迎刃而解了。现在你就把你急于要办的事列出一个顺序表来，然后按照主次依次处理，在同一个序号下不要列出两项工作。在你列出了工作顺序之后，你就全力以赴地解决第一号的问题，一直坚持到做完为止。然后再用同样的办法去处理第二号问题。不要担心这样做一天只能解决一两个问题，关键在于这样做会逐渐解决你以往日积月累下来的许多问题。这样一来，你真正关心、真正着急的事情，马上就可以解决了。你也要让你的下属根据他们工作的主次和先后列出工作日程及顺序表，也让他们按照同样的办法去做。这样，他们就会做好他们分内的工作。简单点说，你要实行急事先办的原则，一次只办一件事。即使这样仍然不能解决问题，你也不要采取其他办法，一旦你使这个系统运转起来，你就要坚持到底。这样你才能逐渐清理掉过去积压下来的一些问题。

身为领导要学会先做重要的事情。19 世纪到 20 世纪初，意大利社会经济学家巴累托提出了著名的"巴累托法则"。其内容很简单，例如：公司的推销员中，成绩最好的 20％ 的成员，其工作量占全体推销员的80％；电视观众把全部收看时间的 80％，用于收看率最高的 20％ 的节目，等等。现实生活中的许多事物，大体符合这一规律。美国工商业界中，有人把巴特莱法则称为 80／20 规律。实际上，多数人并不去追究巴特莱法则提出的比例是否总是正确，只是因为它提出的大致目标，用来衡量办事的效益很便利，所以才广为人们采用。

利用巴特莱法则，可以很好地节约时间。

比如，作为领导者，每天起床后，你可以把一天之中打算做的事列在卡片上，读书、查资料、买东西、写信、打电话等，全部列出，然后根据它们的重要程度分别编上 A、B、C 的顺序号。其中 A 是无论如何必须完成的 20％。当 A 部分完成后，人们就可以满足地说："啊！今天已经完成了全部任务的 80％。"

对于自己藏书的整理也可以采用巴特莱法则。假设某人有藏书

1000 册，事实上毫无遗漏地全部使用这些书是不可能的事。把 1000 册书中使用率最高的20％即200册挑选出来，放在身边取用最方便的地方，这样查阅起来既省时间，又提高了效率。

几乎所有的人都有一个袖珍手册，上面写有"通讯录"，用来记录同自己有各种联系的人们的姓名、住址、电话号码。在年终更换新的手册时，依据巴特莱法则选出与自己联系最多的20％，抄写在通信录最前面的两三页上，大体就够用。

可以看出，上述的巴特莱法则，不过是"重要的事情先做"这样一条普通道理的数量化说明而已。学会在学习、工作、生活中运用这一法则，不仅能使我们节约许多时间，而且会使我们的生活变得更有节奏，更有意义，更有乐趣。

现在，假定你的一天是一个箱子。每一个主要的项目、任务、优先事务就像是一个保龄球。它们都是大的、重的，都需要一定的空间。当装满之后，你无法将额外的一个保龄球放到这个箱子里；但是却可以把许多大理石小球撒到这些保龄球之间的空隙里。你无法承担任何一项额外的主要任务，但是你却可以通过利用大任务之间的空隙来完成那些小的、烦人的，但确实是比较重要的小事情。

你可以使你的每一天更有效、更令人满意，如果你能够抓住每天的小机会的话。它们不会大喊着出现，所以你必须时刻留心，否则它们会在你不经意之间溜走。这些空隙的时间被称作"中间"时间。

你是否在电话上面呼叫某个人后立即挂上呢？是否曾经有一个会议预定 10 ：00 点开始，而到了 10 ：15 却仍然没有开始呢？是否在午餐之前刚好完成一项主要项目呢？是否坐在大厅里或者等待室等候你的约会呢？

　　单个的 5 分钟或者 10 分钟也许微不足道，但是，在把它们加在一起之后，将变得强大无比。那么你每天有多少"中间"时间呢？ 10 分钟？ 20 分钟？ 30 分钟？如果你每天浪费 30 分钟，那么，你一年内将浪费掉 15.8 个工作日！那是超过 3 个星期的时间啊！如果你每一年多了 2 个星期的工作时间，并且是在不影响你的假期计划和正常工作的前提下，那么，是否你将会有可以更好地控制自己生活的感觉呢？这是否可以增加你的组织的价值呢？

　　为了重新控制你的"中间"时间，你必须进行计划，并且随时做好准备。

　　制定一份行动计划的最佳时间就是——现在！哪些是那些小的行动，没有确切的截止日期，却可以放在"中间"时间里完成？这里有一些建议。

・及时回复电话。

・在那些已经打印出并准备寄出的信件上面署名。

・在你的办公桌上面放一个文件夹，并阅读一些文件。

・整理你的办公桌并把所有的东西放在合适的地方。

・如果需要的话，重新审视你的行动目录并且重新排列它们的优先次序。

・更新你的等待处理事务目录单。

・检查你的信件。

・写出一个便条或者备忘录。

・放松！调整呼吸！

问题是，许多人随意地浪费自己的时间，而在其后却对浪费的时间有负罪感。做出坚定的决定，即完成上面的每一条（包括放松），时间就不会那么容易地被浪费了。必须制定计划！

充分利用这些小段的时间是非常值得的。记住：长时间的小改变就可以产生大的不同！

其实，即使那些最忙、备受时间压力的人也会浪费许多时间。他们并非故意如此，多数情况下是完全没有意识到这一问题。多年来已经养成的工作模式，其中有很多陋习，随时在吞噬着你的时间：你的办公桌缺乏条理，要找一份文件就花费了数分钟；你和一位同事不期而遇，扯了许多无聊的废话；你把三分之一的时间用于各种会议，但有些会议却没有什么价值；你对一件难办而又不得不办的事情优柔寡断，磨磨蹭蹭，拖延了很久；你要约会一位重要人物，但对方不守时让你白等了20分钟；正专注于某项工作被突然来访者打断，再集中起精神返回原来的思路又用了十几分钟，或者，你花费很多时间去处理琐事……

如果你正存在这类问题，而你又希望提高工作效率，那么，不要让懒于改变现状的惰性控制你，立即着手改变你的工作习惯。一旦形成了良好的工作方法的模式，就可以在相当长的时间里利用它，只要按具体日程做细微改变就可以了。这是一项十分有益的工作。

为了更客观地了解现状，首先要对你的工作方式、利用时间的模式做一个检查。为此安排一周的时间就足够了。从早晨起床到晚上休息，把所有的行动都丝毫不漏地记录下来。为了简化记录，你也可以只调查上班的这一段时间。如果你能根据自己工作的特点准备一些表格，调查起来就十分简便了。你可以参考下面的表格。

　　要把时间调查表放在最方便拿到的地方，随时记录，如果把一天积累的所有事项再回忆起来，就难免会有疏漏。不要遗漏发生的特殊事情，以便于寻找工作的规律性，为以后做工作计划更为切实可行提供帮助。时间调查表的内容力求客观准确，分析这些问题才更有价值。

　　随着你对工作情况的了解，你自然会对时间利用的方法变得格外重视。把每一项工作所占用你的时间作一个统计，看你在处理问题、进行工作上面使用了百分之几的时间；在不太重要的工作上花费了多少时间；用于会议的时间有多少，你又用了多少时间在会议的计划和准备上；每天处理信件花多少时间，而处理必不可少的必办信件又花多少时间；在部下委托给你的工作上又花了多少时间……你是否一到单位就看报纸，而报纸内容又与工作无关？你是否过多地出席了对工作不起任何作用的会议？你是否喜欢跟别人聊聊天，说些没有必要的话而浪费了彼此的工作时间？你是否把别人能干的工作都留在自己手中亲自处理？

　　对时间的使用有所了解，你才能找出时间浪费的症结所在。从而采取更良好的工作模式。

　　另外，在今天，领导者工作时来自各方面的打扰几乎已成为工作的一部分，完全避免是不可能的。但是，频繁的干扰会打乱你的工作日程安排，使你无法按计划完成任务，使日程表流于一纸空文。当你专注于某件工作时，干扰会分散你的注意力，半途停下来的工作再拿起来，一般的人都需要一些时间集中注意力，回顾前面一半工作的过程和内容，才能返回原来的思路接着干。这也许就是你的工作效率低下的一个重要原因。为了提高工作效率，必须设法减少干扰，起码是减少甚至避免在做一项重要性、关键性工作的时间里被打扰，将其负面影响减至最低程度。

造成大多干扰的原因，有一部分可能源于你自己。比如，你正埋头于一件重要的报告，有下属叩门求见，你虽然不太愿意中断手里的工作，但考虑到身为领导，有责任为部下解决问题，并且顾忌到平和、与群众打成一片的领导形象，或者你喜欢参与每一件事，你就让他进来，讨论了半个小时。很多领导都喜欢说："我的大门是永远向你们敞开的。"但这种做法会使他们浪费许多宝贵的时间，常常无法完成预定的工作目标，长年累月，后果更加严重。

诚然，领导形象需要考虑，触角广泛的人际关系网也是一种珍贵的资产，如果你用来接待客人的椅子落满灰尘，也表明你的工作作风存在问题。关键在于，两方面都要加以考虑，你既要经常接触到别人，又要设法保证在一天中的某一段时间能够关起门来，心无旁骛地专心处理重要事务，在这两者中谋求平衡。

首先，有下属来访的时候，先问问自己：

·他（她）打扰你的可能目的是什么？

·是否有利于工作（或对工作有潜在利益）？

·是否重要，是否有接待的价值和必要？

搞清了上述问题，就很容易决定，是否有必要和下属谈谈，什么时候谈，谈多长时间等等。

你也可以采用下面提供的一些技巧，减少来自下属和同事的干扰：

·明确单位的政策、目标、程序，明确每个人的职责、权限，以减少因权限不明带来的问题。

·每天保留一段固定的时间解决下属的问题，或者训练你的助理将他人的打扰集中起来,每天一次地向你汇报。

·鼓励你的下属以简短的方式提出问题,如写报告提要,或用便条代替亲自上门。

·对下属的问题,立即给予回答,而不需要他们再次甚至多次地提醒你。

·如果要和同事协作,双方事前要达成共识,定好计划,尊重对方的工作日程表,不要随心所欲地打扰对方。

·让别人知道你多忙。美国的许多公司给自己的职员挂一面小国旗,这面旗子可以用一根绳子操纵沿旗杆上下移动,如果需要持续地做一项重要工作,他就降半旗。所有的人都懂得这个信号,并且不会来打扰他。你也可以借鉴这种做法,划出一段不受打扰的时间区,以便高效率地工作,并形成制度。

能够控制自己的时间,清楚地知道你的每一分、每一秒在做些什么?是否有意义?是领导者控制自己的重要一环。身为领导,必须计划并组织自己的时间,绝不能被外部的刺激牵着鼻子走。管好时间才能管好自己。

5. 要控制对权力的使用

权力是领导凌驾于下属之上的利器。领导要控制自己对权力的使用,使用权力的目的不是专制,也不是制造紧张气氛,而是要使团队的业绩达到预期的效果。然而,传统的领导者大多用高压的方式来领导和管理员工。他们认为,作为团队的领导,就应该对员工吆五喝六,否则做领导者就失去了乐趣。随着时代的进步,这种陈旧的管理方式已经逐渐被淘汰了。员工不再是完成工作的机器，现代领导者应当在管理中加入一些人性化的东西。

实践证明，权力是领导者实施有效管理的辅助手段，也是领导者指挥和影响下属一个不可或缺的管理平台。因此，如何正确地使用权力就成为每一个领导者不得不面对的问题。美国著名管理者泰勒认为："权力是领导者表现自己管理手段的体现。但无数事实证明，过分保护和夸大这种权力就会引起私人欲望，就会产生滥用权力的现象。滥用权力是对权力价值的破坏。任何权力都有一定的限制和范围，领导者如果硬要突破这种限制和范围，就会形成'权力扩张'，最终会危及企业及员工的利益。"

对于领导者如何使用权力这个问题，英国《金融时报》曾做过一个调查，得出了一个令人吃惊的结论：在接受调查的 1678 家公司和企业中，有 94.27% 的公司或企业或多或少地出现过领导者滥用权力的现象，而其中又有 98.74% 的公司或企业由于领导者滥用权力而导致业绩大幅度下滑。

权力不是用得越多越好，而是应该根据团队的实际情况作出相应的调整。领导者滥用权力的一个害处是不利于调动员工的积极性和创造性，不能尽人才之用。创造性只有在不断的实践中才能体现出来，而滥用权力的领导者恰恰截断了通往创造性的道路。一旦个人的创造性在团队中得不到体现，人也就没有了什么积极性可言，就像机器一样没有一点能动性。对于那些有才华的员工而言，他们想要体现自己的价值，而工作中却处处受到压制，这种压抑感积累到了一定程度就会爆发出来，团队将会因此而损失大量的人才。

正确地使用权力既是领导者的责任，同时又是领导者应尽的义务。因为领导者是一个团队的核心，他将直接影响团队何去何从。但是却有很多领导者仍然采用传统的管理模式，从而使得自己的团队难与其他团队竞争，这无疑会给团队增加困难。总之，一个优秀的领导者不仅仅应当是一位管理者，而且还应当是一位操纵家。

领导者对权力的使用必须以不触犯制度为前提。不要让特权毁了对制度的有效执行。联想集团的柳传志、杨元庆迟到了也要罚站，因为这是公司的制度，任何人都没有例外。领导者决不能因为手中有权就轻视自己制定的制度，或利用权力更改制度或者超越制度。

中国历史上的历代开国皇帝大都把重要的制度刻在石碑上，以警醒世人。宋太祖就曾在大殿上立有这样的石碑："此殿不得以南人为相。"明太祖则在宫门立有铁碑，上书："内臣不得干预政事，预者斩。"按理说，有开国皇帝立下的石碑制度，后来的继位者只有严格遵循的份儿，这样的制度应当是能靠得住的。可实际情况并非如此，就宋朝的情况看，南人为相不止一位，政声较好的也不都是北人。或许可以说宋太祖这个制度本身就有极大的缺陷，为后来的掌权者所废是情理中事，但明太祖的"后宫内臣不得干预政事"则是对皇家政治得失的总结，这项制度应该说是抓住了封建王朝灭亡的重要原因。这项制度如能得到切实贯彻，明朝就不会那样黑暗。明朝灭亡的原因固然可以列出很多，但宦官干政则是明朝灭亡的一个极重要的原因。中国历代均有宦官乱政的事例，只有明朝最为酷烈。明朝不仅出了许多著名的宦官，而且还出了"阉圣"魏忠贤。那时各地巡抚纷纷为魏忠贤建立生祠，有的还建在西湖、虎丘、五台山等风景名胜区。建祠费用多者数十万，少者数万，剥民财、侵公帑、伐木无数。这种无聊的举动不仅加速了明朝的灭亡，也严重破坏了生态环境。大臣们煞有介事地在魏忠贤的生祠中将其称为“尧天帝德，至圣至神”，可以说对魏忠贤的赞颂到了无以复加的地步。这样一位毒鞭天下的恶阉，出行相随达万人，士大夫遮道拜伏，至呼九千岁。可怜明太祖立下的“内臣不得干预政事，预者斩”的制度不仅如同一张白纸，简直可以说狗屎不如。

皇帝从来都是一言九鼎、说一不二的。可立石刻碑的制度也靠不住，这表明制度只是制度，制定制度靠权，无权者绝没资格定制度，而制度的作废也是权，只要权力能够超越制度，制度必然疲软并最终成为废纸。明成祖在从侄儿手中夺取皇权的过程中因有宦官立了功，所以明成祖就敢废了明太祖的制度重用宦官。

在企业不断加强制度建设的今天，一项好的制度能不能靠得住，关键要看领导者是否身体力行，是否用手中的权力去保护制度而不是超越制度。如果权力大于制度，那么，再多的制度也不过是制度，要想用这样的制度管理好下属是不可能的。

② 洞察时局，随时掌握主动权

凡是有巨大成就的领导者，无不是洞察时局的高手。他们总能察觉可以影响到自己的轻微变化，并主动做出反应。人们常说："计划不如变化快"。布局就是一种计划，这方面做得再好，也难保意外情况不会发生。只有在执行的过程中保持敏锐的洞察力，并保证可以随时完成主动与被动的转化，局面才能尽在掌握中。

1. 主动做出有远见的决策

远见并非每一个人都有的，但作为领导则必不可少。面临困境，面临前途未卜的将来，很多时候需要采取壮士断腕的举措。一个领导有没有这样的远见，敢不敢主动采取这样的决策，将直接影响到整个集体的将来。

1929 年，由于爆发了世界性大危机，经济急剧滑坡，大量企业纷纷倒闭。

为了能免遭破产倒闭的厄运，有不少公司都采用减薪的方法降低生产成本，以期渡过难关。但为了不使工人举行罢工，减薪的幅度都向同行业中居于领导地位的企业水平看齐，这已成为一个惯例。尤其在经济下滑关头，员工情绪又极不稳定，大家谁也不敢标新立异。

而此时，有一个公司却独行其是，采取大幅度低于同行参照水平的标准降低工资，他就是美国国际钢铁公司。做出这一决定的是公司老板威耶。在员工情绪低落时，这一措施无疑是火上浇油，很多人都替他捏一把汗。尤其负总管理之责的马利文，听到这一消息，更是惶恐不已，马上去见威耶，提出抗议式的警告："你这样做，会发生更严重后果——骚动！"而威耶却严肃地说："很多老板都巴不得能停工，以减少开支，因为现在的生产已毫无意义，我大幅度减薪的目的是希望大家能守在一起，坚持到最后一分钟，度过这个经济上的黑暗时期。自己应该估量一下自己的资金，以现在的开支能维持多久。假如在这段时间内，支出超出了公司的负担能力，到最后的结局是很明显的。处在这样一个非常时期，最重要的一点是量力而行。因为问题的关键不是在减低多少薪资，而是看谁能支持得最久。假如我们跟别的公司采取同一标准，也许支持不了多久，就会倒下去。当然，我会使工人们了解这番道理。"

当面与员工谈论这一问题，有极大的风险，一旦群情激愤难平，那种场面就不可收拾了，何况减薪是关系员工们切身利益的问题，甚至对他们整个家庭、生活都可能产生很大的影响。当老板的最怕处理这类的事情，因为加薪的消息人人喜欢听，减薪的消息则往往谁听了都不开心，何况他比其他同业减的幅度都大，工人们就会更不能忍受。

公司里高级人员对他亲自向员工说明减薪的决定，都捏着把汗，老板怎能跟员工面对面地解决这类问题，闹僵了连缓冲的余地都没有。但威耶认为："丑媳妇难免见公婆"，最好是早一天向工人说明，以消除他们由猜疑所引起的不满。所以，他坚信工人们是不会让他下不了台的。另外，威耶对自己的超人说服力很有把握，这一才能曾几次帮助他渡过难关，往往别人认为难以处理的事情，他却很快把它摆平。

那天的会场设在总公司的一栋因停工而腾出来的厂房里，工人纷纷攘攘地，秩序显得很乱。

威耶走进去，走到临时用办公桌拼成的讲台后面，向下面扫望了足足有 5 分钟。他心里明白，第一句话应该向工人们说什么，告诉他们这个坏决定，直截了当地告诉他们，不要任何解释和开场白，因为对坏消息作解释讲得越多越显得老板是虚伪的，而他要的是同人们的真情实感，他单刀直入地向人们说："我今天为各位带来一个很不好的消息，我要减少各位的薪资，而且比别人减得多。"

威耶以强有力的语气接下去说："你们心中一定充满了气愤与怀疑，为什么？为什么我们要减薪？为什么我们要比别人减得多？

"我坦白地告诉各位，这不是我的过失，也不是各位的过失，这是整个局势演变出来的结果，不是人力所能抗衡的。各位了解了这一点，我下面的解释才有意义。

"下面我来说明为什么我薪资比别人减得多。原因有两个：一是为各位的工作着想；二是为各位的家庭生活着想。假如我们比照别人的标准减薪，也许不到一年，我们公司就要停工倒闭，到那时候各位再找工作不易，生活就会马上成问题。

"依我现在订的减薪标准，我敢向各位保证，我们一定可以平安度过这一段不幸的时期。大家的生活也许苦一点，但可以安心工作。

"也许你们会问，那些减薪少的公司难道就会垮吗？我不愿意作预测，请各位将来看事实。我相信，你们也应该相信，我的分析统计没有失误过。

"各位不要图眼前的一点小利，要向远处看，并相信我这样做不是刻薄你们，而是为了我们大家共同的前途。"

威耶用这篇简单的演讲向人们倾吐了他的全部心声。讲演的内容打动了人们，他用声音、表情强化了这些话的内容。

威耶没有作欺人之谈，一年以后，有三家工厂因经济拮据而支持不下去了，失业工人因生活无着，而滋事生非，引起社会很大的不安。

威耶的国际钢铁公司能立足，就是威耶对经济控制得好。同时，还因为他的元气没有伤。在不景气的时代过去之后，威耶领导下的公司，比任何人都恢复得快。1933 年，威耶又率先宣布增加员工的工资。

美国国际钢铁公司老板在公司面临紧急关头时，从公司发展的长远利益着眼，根据公司自身的经济状况，大胆决定以低于同行业参照水平大幅度降低公司员工薪金水平，并在与管理层统一认识、达成共鸣的基础上，运用演讲形式取得员工的理解和支持，这种决策魄力和远见是值得赞赏的。

2. 准确地掌握所需的资讯

信息在现代社会的竞争中起着举足轻重的作用。一条看似普通的的资讯往往就关系到一场商战的成败。身为领导者，要全面、准确地掌握所需的信息，并依此来做出决策。可以说拥有了信息的优势，就等于掌握了竞争的主动权。

20 世纪 90 年代，在美国享有极高声誉的两家制笔公司展开了一场激烈空前的竞争。出人意料的是，实力雄厚、财大气粗的派克公司竟一败涂地，走向衰落。而克罗斯公司则乘机崛起，成了美国制笔业的新霸主。

知情者说，克罗斯公司的兴盛，关键是其反间计谋高出派克公司一筹。

被称为"世界第一笔"的派克笔，于1889年申请专利，至今已历经100余年而长盛不衰，年销量达到5500万支，产品销至全世界120多个国家和地区。克罗斯笔有90年以上的历史，年销量达到6000多万支。所不同的是，派克笔占领的是高档的市场，克罗斯笔则热衷于低档的市场。这两家公司的产品流向并不是一开始就这样的，而是经过几番竞争才形成的。数十年这两家制笔公司虽然在表面上井水不犯河水，但在暗地里却不断加强自己的力量，双方斗智斗勇，各使绝招。派克公司派出间谍多次策反克罗斯的技术人员，而克罗斯公司以牙还牙，利用收买对方关键人员和窃听等手段不断获得派克公司的经济情报。

20世纪90年代初，钢笔市场的竞争日趋激烈，为了在激烈的市场竞争中进一步拓展市场，派克公司任命了新的总裁彼特森。与此同时，克罗斯公司也在采取对策，除调整营销策略外，还加紧搜集彼特森的兴趣、爱好以及上任后所要实施的营销策略。

由于种种原因，钢笔的高档品市场呈疲软状态，为了不使公司的经济效益受影响，也为了打响上任后头一炮，彼特森意欲在拓展市场方面下一番功夫。正密切注视彼特森决策动向的克罗斯公司获悉这一信息后，立即召开会议研讨对策，决定实施反间计，和派克公司展开一场殊死的较量。

克罗斯公司通过一家有名气的公共关系信息咨询公司向彼特森提出了"保持高档市场，下大力量开拓低档产品市场"的建议。这正中彼特森下怀。咨询机构的权威建议，使彼特森没有把主要精力放在针对市场变化上，来改进派克笔的款式和质量，巩固发展已有的高档市场，而是采纳了开拓低档产品市场的建议，趁高档产品市场疲软之时，全力以赴地开拓低档产品的市场。

听到这个消息，克罗斯公司欣喜若狂，赶紧实施第二步计划。一是装模作样地召开紧急会议，做出一副惶恐、胆怯状，制定出了和派克公司争夺低档产品市场的措施。二是由公司总裁给派克公司总裁致函，声言两家产品市场的流向是有协议的，你们不能出尔反尔，逾行规行不义之事。克罗斯这么一番逼真的表演，愈发坚定了彼特森的决策信心，紧锣密鼓地开始向低档钢笔市场进军。为了不使派克公司看出破绽，窥出有诈，克罗斯公司还做了几次广告，制造竞争的紧张气氛，摆出一副决战的架势。这一切使派克公司看在眼里，急在心头，为了抢先一步，派克公司凭借财大气粗和名牌效应，投以巨资大做广告，制造声势。

克罗斯公司见已达到预期目标，便倾全力向空虚的高档钢笔市场挺进。

尽管派克公司花了不小的力气，市场效果却仍不理想。试想，派克笔是高档产品，是人体面的标志，人们购买派克笔，不仅是为了买一种书写工具，更主要的是一种形象、一种体会，以此证明自己的身份。派克价格再昂贵，人们也乐意接受。而现在，高贵的派克笔却成了3美元1支的低档大众货，这还有什么名牌可言呢？派克公司顺利地打进了低档市场，但没有达到预期目的。不仅如此，消费者像受了愚弄似的，拒绝接受廉价的派克笔。

派克公司的教训给领导者们一个启示：如果你没有来得及掌握全面的情况，就不要凭直觉去做决策，否则，会使你失去对局势的控制。

决策离不开信息，反过来也对信息有一定要求。归纳起来，决策对信息的基本要求是：

（1）准确

准确是信息的生命，也是决策的生命。没有准确的信息，就不会有准确而科学的决策。为此，在决策中一定要收集和运用准确的信息，同时要防止信息在传递和加工中失真。信息论的创立者申农曾对信息下过这样的定义：信息是消息中不确定性的消除。所以严格地说，平常我们所说的消息、资料并不等于就是信息。决策者应善于对所收集的消息、资料等进行加工，以便去伪存真、去粗取精，切忌听风就是雨。为了保证信息的准确性，必须选择可靠的信息源，同时要建立信息的监督控制系统，必要时还要专门立法。一般说，信息机构与决策机构应当分设，使他们之间能够相互制约，以防长官意志的干扰。

（2）及时

一般说，信息具有时效性。信息越及时、越新颖，对决策越有利。过时的信息，不但对决策不利，还可能造成决策的失误。特别是在现代社会中，科学技术的日新月异，市场行情瞬息万变，加之通信设备越来越现代化，谁先得到信息，谁就会在竞争中取胜。为了提高信息的及时性，必须保证信息传递线路的畅通。从组织机构来说，就是要尽量减少层次和环节，防止掣肘和扯皮。目前，在世界范围内正面临新的信息革命。所谓信息革命，实际就是信息技术或手段的革命，包括信息的收集、传递、加工、使用和储存等技术或手段的革命。就目前来说，主要是指现代通信技术和电子计算机的应用。这些新技术的应用，提高了信息开发和应用的能力，增强了信息的及时性和准确性。因此成为当代主要竞争实力的标志。

（3）适用

所谓"适用"有两层含义：一是有用，即收集和提供的信息，对于决策问题的提出、决策方案的制定和选择以及决策方案的修改和完善等能够起到依据或参考作用，有利于决策的科学制定。正如西蒙所说："在当前'信息爆炸'的时代，重要的不是获得信息，而在于对信息进行加工和分析，使之对决策有用。"二是适量，也就是说提供给决策者使用的信息既不能过少，也不能过多。

信息量过少，决策中的信息不足、依据不充分，自然会影响决策的质量；信息过量，也会对决策的制定形成干扰，并且造成人力物力的浪费，增加决策成本，降低决策效率。

信息的有用而适量，主要由信息的提供者来保证。这就要求信息提供者对决策的内容有所了解，根据决策的需要对所收集信息进行加工和筛选。决策者也要做到心中有数，对信息要有一定的鉴别和取舍能力，关系不大的信息，不要过多收集，可听可不听的意见也不必花费精力去过多征求。必须认识到，决策者的注意力是一种最宝贵的资源，不能无谓地消耗在大量无关的信息上。

（4）经济

所谓经济，就是要讲究获取所用信息的成本，尽量用较小的成本获取较多较好的信息。信息对于决策虽然重要，但是也要进行经济核算，不能不惜代价获取，否则也会影响决策的满意程度。如果一项决策的制定成本大于实施后的所获效益，就不能说是一项成功的决策。讲究信息的经济性，需要各个方面的努力。首先，要确保信息的质量和适时、适量；其次，要合理设置管理信息系统，尽量减少信息收集、传递、加工、使用等各个环节上的花费；再次，要尽量采用新技术，不断提高信息的获取和加工效率。

对信息的处理能力是衡量现代领导者水平的标准之一。依靠信息先一步洞察时局，你就在竞争中博得了主动权。

3. 以退为进争取主动

很多领导都有一种勇往直前的进取精神。但有时候，一味地硬冲硬打未必能占据优势，以退为进反而能在困境中为自己争取主动权。

的确，疾风知劲草，人须有傲骨，面对险恶的局势，人应当有一种"宁为玉碎，不为瓦全"的精神。这种不达目的誓不罢休的"视死如归"的精神我们自应提倡，也是我们一直所倡导的一种精神。但是，客观世界是复杂多变的，就某个具体的事情来说，也有其"时"、"势"的问题，在某些特定的时间里、环境下，采取以退为进的方法，也是一种积极的人生策略，而并非消极退让。

美国前总统克林顿，跟莱温斯基的那场"拉链门"风波仍在我们的记忆之中。我们可以想一想，当克林顿与莱温斯基的事情东窗事发，克林顿死不承认，采取死撑着的态度，这也是一种选择。当着全世界人的面，堂堂的美国总统承认自己的丑事，这是多让人难为情的事情啊！但克林顿聪明之处就在于，他采取了一种以退为进的策略，承认了自己的错误。这么做，其实是将包袱扔给了所有的美国人：我已经承认了我自己的错误，你们有权利让我下台，你们也有权利让我继续留在总统的位子上；对一个已经承认错误的人，你们就看着办吧！

说克林顿死猪不怕开水烫也好，说他狡猾也好，但最终是他胜利了。

同样是美国总统，当年肯尼迪在竞选美国参议员的时候，他的竞选对手在最关键的时候轻易地抓到了他的一个把柄：肯尼迪在学生时代，因为欺骗而被哈佛大学退学。这类事件在政治上的威力是巨大的，竞选对手只要充分利用这个证据，就可以使肯尼迪诚实、正直与道德的形象蒙上一层阴影，使他的政治前途黯然无光。一般人面对这类事情的反应不外乎是极力否认，澄清自己，但肯尼迪很爽快地承认了自己的确曾犯了一项很严重的错误，他说："我对于自己曾经做过的事情感到很抱歉。我是错的。我没有什么可以辩驳的余地。"肯尼迪这么做，等于说"我已经放弃了所有的抵抗"，而对于一个已经放弃抵抗的人，你还要跟他没完没了吗？如果对手真的继续进攻了，就会显得对手没有一点风度。

所以，我们应记住一个基本原则：一个人既然已经承认错误了，那么你就不能再去攻击他，再去跟他计较。无论是克林顿还是肯尼迪，他们都没有因为有过劣迹而受到丝毫的伤害，相反的是，他们还都将它转变成了一个优点，这从肯尼迪后来当选总统和克林顿的事情完全在互联网上披露后支持率反而上升就可以得到证实。他们承认自己有过错误，他们就已经将自己人性化了：我们和平常人一样，也会犯错。同时，承认自己有罪，赢得人们的同情，而别人这时也乐得做顺水人情。

这是在被动的情况下以退为进的策略。在主动的情况下，由于彻底解决某个问题的时机没有完全成熟，也可以采用这种策略。

清朝康熙皇帝继位时年龄很小，功臣鳌拜掌握了朝中大权，并进而想谋取皇位。康熙十分清楚鳌拜的野心，但他觉得自己根基未稳，准备还不充分，于是索性不问政事，整天与一帮哥们儿"游戏"，以造成一种自己昏庸无知的假象。一次，康熙着便服同索额图一起去拜访鳌拜，鳌拜见皇帝突然来访，以为事情败露，伸手到炕上的被褥中摸出一把尖刀，被索额图一把抓住。直到这时，康熙仍装糊涂说："这没什么，想我满人自古以来就有刀不离身的习惯，有何奇怪！"康熙此举让鳌拜对他彻底放松戒备，最后康熙等时机成熟时一举将其擒获，可以说是放出长线钓上了大鱼。

政治斗争如此，商界如此，甚至，在我们平时的工作、做人的各方面都是如此。

对于领导者来说，只要大方向没变，有时候用以退为进的策略来博得主动。也不失为一种明智的选择。

4. 对冲突驾驭有术

上下和谐共同努力是所有领导的梦想。但上下级之间，总会因或这或那的原因产生矛盾，从而引发冲突。可以说，领导与员工的冲突在所难免。怎样处理冲突，怎样驾驭冲突让它朝着有利于管理的一方发展，是领导能力强弱的体现。

要处理好与员工之间的冲突，领导者首先要有宽广的胸怀，善于求同存异，虚心听取各种不同的意见和建议，不要总是对一些细枝末节斤斤计较，更不能对一些陈年旧账念念不忘。领导者的一言一行，都会成为下属注意的对象。处变而不惊，以不变应万变，以宽容对待狭隘，以礼貌对待冷嘲热讽，这是领导者应该做到的。领导者要善于团结不同脾气、不同嗜好、不同优缺点的人，因为你作为他们的上司，必须具有一颗宽容的心。

具体地说，领导者采用什么手段或技术来减弱冲突呢？领导者可以从以下几种解决方法中进行选择，它们是：回避、迁就、强制、妥协和合作。每一种方法都有其各自的长处和短处，没有一种办法是放之四海而皆准的。也许你作为领导者会倾向于使用某一种工具，但高技能的领导者应该知道每一种工具能够做什么，以及在何时使用效果最好。

（1）回避

并不是每项冲突都必须处理。有时候，回避——从冲突中退出，就是最好、最有效的方法。

当冲突微不足道时，当冲突双方情绪极为激动需要时间使他们恢复平静时，当付诸行动所带来的潜在破坏性会超过冲突解决后获得的利益时，应当采用这一策略。

回避可能让人看起来是在逃避，但有时回避正是处理冲突的最佳方法。领导者通过回避琐碎的冲突，可以提高总的管理成效。领导者应该把精力留给那些有价值、有意义的事情。

（2）迁就

迁就的目标是把别人的需求放在高于自己的位置上，从而获得和维持和谐关系。当争端的问题不是很重要或你希望为以后的工作树立信誉、打好基础的时候，采用这个策略会有很好的效果。

（3）强制

强制与迁就相反，你试图以牺牲对方的代价而满足自己的需要。在组织中这种方式通常被描述为领导者运用职权解决问题。当你需要对重大事件做出迅速处理时，当你需要采取不同寻常的手段时，这种方式会取得很好的效果。

（4）妥协

妥协要求每一方都做出一定的有价值的让步。在劳资双方协商新的劳动合同时常常采用这种办法。当冲突双方势均力敌时，当希望对一项复杂问题取得暂行的解决方案时，当时间要求过紧，需要一个权宜之计时，妥协是最佳策略。

（5）合作

合作则完全是一种双赢的解决方式，此时冲突各方都满足了自己的利益。它的典型特点是：各方之间开诚布公地讨论，积极倾听并理解双方的差异，对有利于双方的所有可能的解决办法进行仔细考察。什么时候合作是最好的冲突处理方法呢？当没有什么时间压力时，当冲突各方都希望双赢的解决方式时，当问题十分重要不可能妥协折中时，合作是他们的最佳策略。

身为领导，要妥善地处理与员工之间的冲突，使自己对局面的控制更加有力，才是高明的领导艺术。

5. 在人才流失前采取行动

现代社会是一个人才高速流动的社会。员工跳槽，尤其是优秀员工的跳槽是每个领导十分头痛的问题。很明显，优秀员工的跳槽会使企业的收益大受影响，若是投奔竞争对手那里，情况将更加严重。同时，员工跳槽会在企业中造成一定的影响，留下不稳定的因素。对于那些作为企业支柱的优秀员工，如何在人才竞争中保住他们，是领导必须面对和解决的问题。

通过长期的深入研究，可以发现，企业要加强硬环境如企业价值观念、企业文化与软环境如薪资待遇、工作氛围环境、企业增长势头、个人成长空间等方面的建设，能够提供给员工更多他们在其他企业所无法获得的价值与认同，增加员工离职的"心理成本"，自然能够减少或是尽量规避员工特别是骨干员工的离职。

方法一，加强管理，实现规范化运营

员工跳槽本身并不可怕，可怕的是他带走企业的技术和客户资源。如果企业规范了岗位职责、作业流程、工作汇报等相关制度，加强技术资料和客户资料的管理和备份，可以将人员跳槽的损失减少到最小程度。

另外，很多人员跳槽，正是因为企业的规章制度不健全，管理混乱，认为企业没有前途，自己干下去也没有什么意思，有这种想法的人往往都是较有能力的人。从长远看，加强企业的管理制度、工作流程、岗位职责、激励机制等建设，是解决人员流失的根本出路。

方法二，建立科学、合理、有竞争力的薪资、福利体系

追求高薪是引起员工跳槽的主要原因之一。许多员工都会认为企业给自己的报酬低于自己的实际付出——尽管实际并非一定如此。特别是员工在进入企业工作了一段时间之后，逐渐会对现有薪酬水平不满，想得到进一步的提升。为了追求理想的薪酬，许多员工在原有的企业实现不了自己的愿望的情况下，就会转向企业的外部寻找机会。一旦时机成熟，员工此时的跳槽就成为必然的事情了。何况现在市场的竞争非常激

烈，一些企业为找到急需的人才，会开出高价聘请人才。此外，外部企业以高薪为诱惑，委托猎头公司向自己的竞争对手定向挖墙脚，也会使企业的员工产生跳槽的想法和行动。

员工的待遇问题是员工最关心的问题。当另一家同等规模、同等岗位的待遇高于本企业待遇的 20％，则有可能会因为待遇问题引起低待遇企业的员工向高待遇企业流动。所以，在制定企业的薪酬制度时，一定要参考本地区同行业其他企业的薪酬待遇，使本企业的薪酬等于或略高于同等行业的平均待遇，会稳定企业的人员。

由此可见，领导若想阻止重要员工跳槽，关键的一步是企业的薪酬体系要科学、合理并且对外部市场有一定的竞争力。

科学、合理的薪酬体系是指企业要根据职位的不同、对企业的贡献大小，对其进行相应的职位价值评估，在企业内部建立完整的职位价值序列，并根据职位价值序列进行职位的基础薪酬设计。此外，企业还要建立完善的绩效考核管理体系，将员工的变动薪酬与绩效考核结果挂钩，使员工的收入和贡献相联系，实现企业的内部公平性。这样就会避免员工因为内部分配不公而产生的不平衡而离去。此外，企业的薪酬体系也要在市场上有一定的竞争力，企业通过自己或委托专业机构对市场上的薪酬水平进行调查后，确定本企业的薪酬水平定位，这样可以保证企业的薪酬在市场上具有一定的外部竞争力，而不会使员工轻易被外部企业的薪酬所吸引而去。

同时，企业应为员工及时办理各项社会保障福利，如社会医疗保险、社会失业保险及社会养老保险等，使员工对企业产生好感和信赖。这里的福利不仅包括"三险一金"的法定福利，还包括如：房贴、交通补贴、通信费、商业保险、各种津贴、带薪休假、旅游等非法定福利。

方法三，对员工进行职业生涯规划、提供职业发展机会

许多领导没有意识到员工职业生涯规划的重要性。实际上，对员工进行职业生涯规划，对留住员工、防止员工跳槽可以起到积极的作用。

职业生涯规划是指企业和员工一起就员工的未来职业发展方向、发展目标做出计划安排并帮助员工逐步实现这一计划安排的过程。进行了职业生涯规划的企业，其员工对企业的忠诚度比未进行职业生涯规划的企业员工忠诚度提高了2.2倍。员工会因为企业为其提供专业的职业生涯规划帮助而对企业产生认同感，认为企业非常关心自己的发展，并且如果自己留在企业工作，自己会沿着一条目标明确、清晰的职业发展道路而不断去努力，企业会提供相应的职业机会，从而在企业的帮助下，最终实现自己的理想。这样，员工跳槽的可能性会大大降低。

麦当劳对见习经理有一套4～6个月的基本应用技能培训，主要采用开放式、参与式讨论，培训不同的行动能力；升到二副时有一套5～6天的基本管理课程培训，升到一副时有一套中级管理课程培训；当了三年餐厅经理后，就有机会送往美国接受高级的应用课程培训；继续升迁，就担任营业督导，同时管理几家店；再上升是营业经理，管一个地区等等。培训和晋升总是联系在一起，既针对个人的具体情况，又体现企业的总体规划，同时具有挑战性，使受训人才与企业紧紧联系在一起。

方法四，强化沟通，贯彻企业的战略目标，促使员工认同企业发展目标

领导在企业内部贯彻企业的战略目标，使员工能够对企业的发展目标、实施策略都有一个清晰的了解，有助于增加员工对企业的发展目标

的认同，使全体员工形成共识，团结协作，共同为实现企业的目标而努力。这样会避免一些员工因为看不清企业的发展目标和发展方向，不理解企业的政策和策略，对企业产生不认同而跳槽。当然企业也应避免制定战略目标的短期化、功利化和市场定位的错误而使员工对企业失去信心而离开。

　　而企业战略目标的认同和策略实施的每一个步骤的清晰，都少不了企业内部的沟通。沟通不畅几乎是每个企业都存在的问题。企业家族化管理的倾向还有走极端的趋势，员工没有知情权，对企业的日常事务了解都不多，更别提整个企业的走向了。企业的壮大必然要求分工得更加细化，而且家族化的管理这个问题在民营企业里是与生俱来的，很难摆脱目前这样的状况，也很难断言家族化管理与其他管理相比孰优孰劣。员工在工作中，由于这些企业的现状等各种原因产生怨气，如果这时管理者能够体察出这种怨气，及时地与员工沟通，将矛盾消灭在萌芽之中，这样对企业或对个人都有好处。

　　平等沟通还能激发员工的创造性和培养员工的归属感，但平等沟通不是自然形成的，也不是一条行政命令可以解决的。管理者必须是平等沟通的积极倡导者，必须首先主动地去找员工进行沟通，久而久之才能形成平等沟通的风气。

　　其实，留住优秀的员工并非难事。只要当领导的在工作中生活上给人才营造公正、平等与融洽的环境，使他们能在你的领导下有一种自我价值成就感，人才便会忠心地在你的旗下勤奋工作，回报于你。领导要关心优秀员工，想他们之所想，在人才流失前采取相应行动。否则，一旦他们萌生去意，这时就晚了。

③ 运筹决胜，让下属按领导的意图行事

布好局以后，你的计划应该被下属严格执行。那么，你的下属是否对你俯首帖耳？是否尽在你的控制之下？如果答案是否定的，将导致你布好的局失去控制。你必须有把下属变成棋子的手段，可以将下属随意支配、调动。可以说，掌控了下属，你就已控制了局面的一半。

1.给下属的命令要明确具体

号令不明是三军的大忌。领导者要使下属严格地按照自己的意图行事，就得把命令准确地传达下去。否则是无法让下属充分协作的。

"命"字是由"口"和"令"组合而成的，亦即用口传达给对方的是件非常重要的事。或许有人认为，写在纸上传达比较不会发生错误。但是，用文书传达的命令较缺乏魄力。而当上级口头命令说"你做这个"时，听话者能立即分辨出任务的轻重缓急，并适时地完成。

工作若相当紧急，最好立即完成。反之，若不是紧急的任务，部属就可以详细地做完调查，再呈上一份完善的报告。若领导以文书方式来命令"请调查报告××"，相信属下是不会立即着手去做的。或许他会

表示："我也很忙，等我有空的时候再做。"

即使有些属下你难以对其下命令，但是，只要你多加关心，就一定会发现他与你有共通之处。不同的仅是，为了要挖掘你们共通的地方，需要花费一段时间而已。

身为领导的你必须找出造成属下与你格格不入的原因，去除与属下之间不合的因素，使彼此间的疙瘩迅速消失。

某位科长由于得不到属下的协助而深深地被困扰着，他向别人诉苦。别人提醒他："你在命令属下时，是否明确地指示出命令的内容和目的呢？"

经人指点，这位科长突然醒悟，原本在这之前，他从未向属下说明命令的目的，于是他改正了这项缺点。"这项资料必须在下周举办的职员大会上提出，所以，你必须在会议举行的三天前完成它。""这则招聘启事除了登在报纸上，还可以刊登在求职杂志上，你要将这点加以考虑，并且尽快做好。"

命令下达得十分清楚明确，属下的士气才会大为提升，并且精力充沛。

每个人都会对自己的工作怀有留恋之心与责任感。上司认同自己的能力，是件相当令人兴奋的事。自己的工作在全体中占有重要地位，了解这个事实亦会大大提升工作的意愿。

曾经有过这样的笑话。某位领导对新来的女职员说："这个文件要让董事长过目，你将它漂亮地装订起来。"结果，这个领导看到拿过来的文件时大吃一惊。原来文件上面竟然别了一个粉红色的蝴蝶结，封面上还用红笔写着"董事长书"。

由上可知，领导在说明命令的目的时有一些事项必须格外留意。也曾有过以下的情况。某位主管对部属说明："你要做的这项资料，是要用来证明甲公司的产品比乙公司的产品优良。"部属亦忠实地遵守了此项原则。然而部属完成的资料中却仅陈述了甲公司的产品的优良，而忽略了对两家公司做公平的比较。

这虽然是部属顾虑太多而导致的结果，但是身为上司也应该在说明指示内容的同时，明确地表达"……要以公平的比较方式为前提"，才能万无一失。

有的领导在指示下属时，常使用一些含糊其词的用语，如"要尽快把这项工作完成"。"尽快"有多快？也许领导的意思是三天，而员工认为一个星期干完就已经是尽全力了。如此"语焉不详"就会使上下级之间产生不必要的误会：领导觉得员工不够努力，而员工则认为领导没有交代清楚，怨不得自己。

其实，即使领导者表达得不够清楚明确，下属只要能往好的方面理解，也可达到预期的效果。然而，人类的心理往往倾向于逃避责任，将事情往对自己有利的方面去加以理解。因此，下属可能将领导"不明确的指示"以自己的方式解释成一项轻松的工作去完成。如，领导安排某下属搜集报纸上有关现代企业制度的文章，而此下属第二天便拿来一张《人民日报》算是完成任务。领导责问为什么只有一张报纸，其他报纸上的相关文章呢？他还振振有词："您不只说报纸吗？没说所有的报纸啊！"对待员工，特别是这种需要推一推动一动的员工，领导在下达命令时一定要明确具体，不给他以可乘之机，让他想偷懒都不行。

领导者在下达命令时要明确，这里指的明确并不是说指令多么详细，为下属每一步怎么做都安排得天衣无缝，那样就束缚了员工的积极性的发挥。明确的应是工作的目标、要求，对时间的期限和对质量的要求等。必须给下属以强刺激，以便让他牢牢记住。

那么，领导者应怎样下命令呢？

一般人都有先入为主的习惯，对于先接收的信息较易相信，且能深植于脑海，这在心理学上称为"首位效果"。此外，一个人在最后所学到的也往往较易保留在记忆中，这在心理学上称为"新近效果"。领导在下达命令时，不妨利用这种效果，以便使员工更好地理解命令，更好地执行命令。

在对下属发布命令时，最好在开始时便切入重点，然后再谈到附带的事项。虽然有许多人在无意识之中也能接受传达的事物，但是，最好是有意识地将重点首先传达给下属，以起到"首位效果"。在谈话的最后，还要重申一下具体的要求，利用"新近效果"使下属记忆更加深刻。"首位效果"使下属明白，"新近效果"则使下属印象深刻。如此一来，即使时间过了很久，下属仍能记住领导所提的要求。

因此，作为一个领导者，不断提高语言表达能力也是一门必修课。领导在与下属交流沟通时可以语重心长，可以短话长说，而领导在下达命令时，必须言简意赅，不可模棱两可，含糊不清，必须给下属一个明确具体的指示，这样，既便于下属的执行，又便于领导的检查。

2. 让命令能够迅速执行

命令并不是简单地向下属发布之后便没事了。命令能否被有效地执行，关乎领导对整个局势的掌控。

下属在接受领导的命令后，总是从自身利益的角度考虑，对领导的命令做出积极或消极的反应。这直接关系到领导命令的执行效率。

切记，即使在你日理万机、分身无术的情况下，也不要放弃监督的权力！

为什么有许多命令或指示下达后总是受阻呢？就是因为领导者没有监督自己的命令执行情况。

你发布一条命令，大家听明白了，你笑了，你感到心满意足，你认为自己做了一件很棒的事。你回到你的办公室，端起茶水看早报，一切顺利，天下太平。

这期间，事情进行得很顺利。你的命令被执行得适当而迅速，你可以高枕无忧地去钓鱼，事情能是这样吗？不会的，绝对不会的。为什么呢？因为一个没有检查监督的命令就不成其为命令，这只是一种美好的想法。

要保证工作顺利进行，你的命令就必须得到认真的贯彻，你必须自己亲自去检查工作，因为下级不敢忽视上级的检查。换句话说就是：不检查总会有疏忽！

检查一个人的工作，以便督促他能够很好地执行你的命令，但也不能伤害一个人的感情，所以这也是一种艺术。监督过度会毁坏一个人的主观能动性，监督不够对执行命令也很不利。要监督还得不引起被监督者不满的最好方法是：随时到工作现场走走、看看。你的露面对于能使一个人保持紧张的工作状态起着有力的督促作用。

看着和被看着已经是一种陈旧的说法，也不见得就恰当，但它都是有效可靠的，你确实应该善于运用这种技巧去保证你的命令被认真地贯彻。

你可以用下面的检查单中的项目去检查和监督你的下属是否在认真地执行你的命令。

（1）每天要专门拿出一点时间检查工作

每天都要检查你所管辖的工作的一部分。但不要每天都在同一时间检查同一内容。要变换时间，也要变换检查的内容。有时在上午检查，有时在下午检查，如果是两班倒或者三班倒的话，夜班时也要检查。不要让任何人逍遥法外。

（2）在你检查工作之前，仔细思考一下你要检查的重点

在你检查工作之前，要反复琢磨一下你的检查重点，那样你就不至于白跑一趟，下属们也不见得能对付过去，你总要表现出很内行的样子，实际上你早已是这方面的专家了。最好你每次检查的内容不要少于三点，但也不要多于八点。每天都要有变化，这样，用不了多长时间你就会把全部工作程序和工作任务都检查到了。

（3）要有选择地检查

你在检查工作的时候，不要泛泛地检查，要有所选择地检查几点，其他方面就不必看了。不要想在一天里把什么都看到，实际上你也做不到。这种检查制度要坚持下去，不要让任何事情分散你的精力，也不要让任何事情打断你的例行公事。这样，你管辖下的整个工作都会有条不紊地顺利进行。

检查时你要按照你选择的重点进行，而不是按照你的下属为你提供的重点进行。如果你没有自己的重点，那你就可能被人家牵着鼻子走。

你时刻不要忘了谁是检查者，谁是被检查者。

（4）要多问问题

要记住，你检查工作是为了更多地了解情况，而不是让别人了解你。所以你要多问，细心听取回答。让你的下属告诉你他们怎样改进了自己的工作。如果你让他们说，他们是会告诉你的。毕竟大多数的人还是希望把工作做得更好的。

（5）重新检查你发现的错误

如果你不能采取必要的行动改正你曾经发现过的错误，那么这样的检查就没有太大的价值。既然发现了错误，就有必要重新检查。为此要建立一个制度，要对你下达的改正命令实行监督，以便能够得到贯彻执行。

切记，一个命令如果缺乏监督和检查，那么和没有这个命令毫无区别！

领导者在向下属发布命令时，一定要做到心中有数，不乱发布命令，不用狂傲的态度发布命令，发布命令会替下属着想。发布命令之后甚至还会隔一段时间就去了解一下命令被执行的情况。因此，切忌让你的下属折扣命令，这样大有裨益，至少是统一观念，集中精力，有序工作，明确方向，逐步完善。没有命令，下属就会一盘散沙，企业就会失去措施和方向。因此，命令是使企业上下一致、同心协力的规范措施，理当重视，不可视为平常；否则你就是把玩命令、自惭形秽、易失去领导者的权威。

领导者要想把握住局面，就得对自己命令的执行效率进行把关，用监督来强化下属的服从意识。

3. 让员工对工作充满激情

领导者最大的悲哀莫过于他的下属对工作没有感情。一个只把工作当成谋生手段而非兴趣所在的员工，对工作是不会尽心尽责的。所以，领导能否成功的激发下属对工作的兴趣至关重要。

几年以前，彼得斯接到了一个商人的电话，他希望彼得斯为他刚开办不久的公司提供建议。电话里没有谈到生意的细节。最后他们在这个商人选中的一家破旧的咖啡屋里见面了。环视了一周之后，这个商人和彼得斯在一个远离他人的小角落里落座，商人注视了彼得斯一会儿才神秘兮兮地说："我叫拉吉，我是卖花岗岩的！"

彼得斯略微有些吃惊：弄得这么神秘，原来只是要谈花岗岩！他有些失望。花岗岩作为商品倒是有一点不同寻常。拉吉的公司从印度进口花岗岩，他的公司已经运作了一年，生意也还说得过去，但不是很理想。在他急于扩大生意规模时，偏偏遇到了更大的障碍：竞争对手从中国进口花岗岩，售价比拉吉的公司低 25%。

虽然彼得斯喜欢石头和矿物，但是，他觉得 25% 的价格差异还是使印度花岗岩显得黯然失色。

第一步，彼得斯必须弄清楚他的花岗岩为什么贵了这么多。

"嘿"，拉吉说，"你要知道我的竞争对手的花岗岩质量不是很好，有一些小毛病。"

"好吧，小毛病——，这就是区别，但是客户会不会在意呢？这些小毛病肉眼能看见吗？"

"不，用肉眼看不见，但是毛病毕竟是毛病呀！"

后来，彼得斯才搞明白，他所说的小毛病是对方的花岗岩会有轻微的褪色，而这种褪色会在 20 年后表现出来。这实在不能作为贵 25％ 的借口。想一想吧，你怎么可能这样对客户解释："我们的花岗岩比别人贵，这是因为你会发现：即使 20 年后我们的石头也不会褪色……"

他们必须找到另外一种更好的方式来训练拉吉的批发商队伍。

首先，彼得斯发现这些卖花岗岩的人认为他们所卖的花岗岩只不过是另一种石头，他们对产品没有融入任何的感情。他们的态度是这样的：花岗岩嘛就是一种石头罢了。如果客户想买更便宜的，也只好由他们去了。彼得斯也不知道买这种贵的东西能给他们带来什么好处。

于是拉吉准备了一组胶片，也想好了一套说法。他挨家挨户地拜访批发商，他做的事情在这个行业里从来没有人做过：他向销售队伍介绍印度的地理环境，以及这个国家悠久的开采石材的历史，他还特别介绍了那些采用了印度石材，尤其是印度花岗岩的世界著名建筑。

当会议室的灯重新点亮之后，显然销售人员都受到了鼓舞。对他们来说花岗岩已经不再是一块石头，它已拥有了像人一样的深度和性格。他们永远不会再用原来的眼光看待拉吉的产品了。

彼得斯还想出了另外一个促销的好办法。他和拉吉第一次见面的时候，就曾问过他如果想给一个销售人员发价值 5000 美金的劳力士手表作为奖金，那么他至少要卖掉几个集装箱的产品，拉吉很快地算了算说："5 个集装箱。"这就是后来常说的"劳力士大奖"。任何一个在一年内卖掉 5 个集装箱大理石的销售人员都会从拉吉这里直接得到价值 5000 美元的劳力士手表。

为了加重承诺的分量，拉吉还在销售人员的办公室里贴了劳力士公司的海报，并且把他们有希望得到的手表用红圈勾了出来。

销售队伍一下子就振奋了起来，拉吉不仅花时间帮助他们丰富了产品知识，教给他们更有力的销售语言，还答应奖给他们劳力士手表（而且不花批发商的钱）！

拉吉公司的销售额从那以后就直线上升。

激发了下属的兴趣，让他们对工作充满激情，就是一个领导对员工由失控转为掌握的过程。

4. 使每个员工都变得更出色

作为一个领导，你希望拥有一批优秀的下属还是拥有一批平庸的下属？诚然，每个领导都选择前者。可是，如果你不幸只有一批平庸的下属，那么如何掌握他们，使他们发挥更大的效力？优秀的领导总能找出让手下员工变得更出色的方法。

如果艾米一小时能生产 40 个产品，而弗雷德只能生产 22 个，你如何才能提高弗雷德的效率，让他赶上艾米呢？艾米是不是天生就比别人好？是不是因为她懂得更多？更有经验？

主张用优秀员工的工作方法去培训其他员工的人认为，不一定。他们说，艾米这位优秀员工，或者叫明星员工，之所以表现出众，不一定是因为她懂得比别人多，而是因为她的工作方法与众不同。如果你能找出像艾米这样的一流员工，并且弄清他们行之有效的工作方法，就可教给那些表现平平或者比较差劲的员工，提高他们的生产率。

以优秀员工为榜样改进工作状况，这一主张已经提出很多年了，主要是人力资源开发行业的"工作方法"派倡导的，似乎已为许多大公司所接受。

假设在你的公司，表现出色的人会受到奖励，而且体制不会妨碍员工发挥作用，那么你应该如何采用优秀员工模式呢？

首先，你必须界定什么样的人算是优秀员工，并且把这些人找出来。这一步怎么做最好，不同人有不同看法。

哈莱斯提出了一个最严密的方法。他建议与管理人员一起弄清楚公司的目标是什么，以及员工的目标（具体做出的东西或成绩）对完成公司的目标起什么作用。这样你才可以确定，哪一个人或哪一组员工任务完成得最好。

选出优秀人员之后，就要从他们身上找到答案：他们靠什么能力或做法，获得了比同事更好的成绩？你可以直接观察、采访，或听取其同事和经理的意见。

贝尔试验室就一直以能从顶尖学府聘到最优秀的工程师而自豪。但是，那里的工作人员的表现也是良莠不齐，而且其差别并非仅仅是知识多寡所能解释的。所以，1985 年，该公司采用以优秀员工的模式改进员工的工作表现。

美国卡内基梅隆大学的教授凯利和明尼阿波利斯的顾问卡普兰一起，从 1985 年到 1992 年，在贝尔试验室的一个经营单位指导了优秀员工研究。

在选择优秀员工时，凯利和卡普兰并没有完全按照哈莱斯那套复杂的办法，进行公司目标与员工目标分析。他们花了一年的时间，试图找到一种测量知识工人生产率的定量手段。最后他们认识到，自己面临一个难题。凯利说："我们发现，许多人都曾想通过一个合适的生产率测量手段解决这个问题，但是没有人成功。"他们的结论是：优秀员工的定义是主观的。

在选优秀员工的时候，他们先是采用经理考评员工的结果，但是发现，那些科学家和工程师同事与经理的看法颇有分歧。实际上，同事提名的优秀人物与经理考评的结果只有一半是一致的。凯利和卡普兰最后宣布，双方都提名的那部分人即为优秀员工，成为研究对象。

选出一些优秀员工之后（哈莱斯倾向于只选一个人），下一个问题就是如何从他们那里找到工作出色的真正原因。对于收集这方面材料的方法，人们也有不同见解。

哈莱斯说，工作出色的人往往自己也说不清为什么会比别人强。这有好几个原因：他们对工作做了一系列调整，但是并不写下来；关键的做法往往闪现在他们的脑海中（哈莱斯管这叫"隐秘行为"），他们不可能一边操作一边分析其中的道理；这些想法是一闪念之间的，而且是有意无意地，优秀员工不想让别人知道他的秘密。

为了克服这些困难，哈莱斯调过头来，先看工作人员的成绩（总体成绩），然后看总的成绩可以分成哪些元素（阶段性成绩），再看为了创造各阶段的成绩，优秀员工采用了哪些做法和规则，最后，看看他们掌握的哪些信息直接影响工作方法和规则。

由于优秀员工往往自己也不清楚成功的秘诀，哈莱斯就提出很多条假设，让优秀员工挑出那些不符合情况的假设，剩下的就是促成他们表现出色的因素。

在贝尔试验室，凯利和卡普兰既研究了优秀员工，也研究了表现平平的人。目的在于比较这两组人工作方法上的差异，看看这些差异是否就是工作表现不同的原因。

凯利和卡普兰做了一些问卷，上面有 60 到 80 种工作方法。他们问优秀员工，哪些方法用得最多。根据问卷，他们得出结论，贝尔实验室的优秀员工在九个方面与众不同。其工作方法或技巧的核心是在兼备技术水平与认识能力（不过，这些水平和能力不算工作方法）的前提下采取主动。

其次是交往的能力，自我管理，有效地与人合作，有领导能力，也愿意拥戴并支持别人的领导，有眼力（能够接纳他人的意见）。最次要的还有两点：组织上老练，善于表达（提出看法时有说服力）。

在对贝尔实验室的研究中有一个有趣的发现：表现平常的人认为，九个方面中最边缘的那两条"组织上老练，善于表达"，是最关键的，借此可以获得经理的高度评价，被列出表现上乘。优秀员工与一般员工对其他一些工作方法的定义也经常有所不同。

凯利和卡普兰撰文介绍了这项研究，他们提供了员工对工作方法有不同定义的例子：一个表现平常的员工认为，所谓采取主动就是在开始一个小组项目时收集、组织资料；另一个人认为，采取主动就是给上司备忘录，告诉他软件中出现了毛病。而优秀员工对这两种定义都持否定观点。他们认为，对那个小组项目你应该直接做起来，而不仅仅是收集资料；你应该处理软件中的问题，而不是写备忘录。优秀员工的看法是，采取主动就是要做一些职责范围以外、高于职责要求的事。

确定了优秀员工，区分出了他们的工作方法和能力，这些为的都是下一步：按照优秀员工的方法训练一般员工。贝尔试验室给一般员工办了一个班，每周一次，共 10 周。后来又精简为六周。前后有 600 位工程师参加了这个班。

先是通过自我评估考察生产效率的提高：参加班的人汇报说，培训结束时，效率提高了 10％，6 个月后提高 20％，一年以后提高了 25％。凯利和卡普兰指出，多数培训计划往往是在刚结束时效果最好，若是一年后你再向员工提起，他往往会问："哪个培训？"

为了进一步估计这个培训班的效果，凯利和卡普兰向受训工程师的上司征求意见。他们发现，8 个月后，受训人员比对照组成员的效率提高了一倍。表现在以下 7 个方面：发现并解决问题；按时并高质量地完成工作；令客户愉快；及时让上司了解情况；与其他部门合作得很好；注重竞争；理解管理层所做的决策。

当你找到一种方法能够带动下属的进步，你才能使他们逐步符合你的要求，才能使他们对你信服并愿意受你支配。

5. 委派好手下的每一个人

俗话说："兵贵精不贵多，将在谋不在勇。"领导的职责就是选人、用人，把工作委派给具有相应职责的下属。一个成功的领导也是一个善于给下属委派工作的领导。在楚汉战争中，骁勇的项羽可谓"善战"的典型，反观他的对手刘邦，却把后勤交给了萧何，把谋划交给了张良，把打仗交给了韩信。力拔山兮的楚霸王项羽最终败给了善于委派工作的刘邦，败就败在他不会当领导。

身为领导要学会委派，善于委派。委派是最微妙、最困难的管理技能之一。它要求人们具有一定的知识和敏感度。它需要领导者对工作进行细致的调查、认真的评价和做出创造性的决策等一系列活动。

身居领导者位置并不一定会自然产生正确委派工作给别人的能力。

事实上，许多高级领导者常常是非常拙劣的委派者。他们虽然也分配工作，但对工作的情况、下属的情况却不完全了解。他们常常把工作分配给不适当的人去做，结果当然不会做好。等到浪费了很多时间以后，他们便又卷起袖子亲自去做。这样一来，不仅浪费了时间和金钱，而且打击了下属的积极性。

现代领导者的一个非常重要的职责就是要把工作委派给别人去做。怎样做到有效的委派呢？美国作者 J. O. 李、M. 皮尔斯提出了有效委派系统的 7 个步骤。哈佛商学院的师生认识到，如果你能认真地遵守这些步骤，就能够提高自己的管理能力，改进部门的工作，提高企业的效率，把自己从具体事务活动中解放出来。

（1）选定需要委派他人去做的工作

原则上讲，你可以把任何一件其他人能够处理的工作委派给人去做。为了做到这一点，首先要对下属的能力有个了解。对工作和下属的评价是获得这种了解的途径。

认真考察要做的各种工作，确保自己理解这些工作都需要做些什么、有些什么特殊问题或复杂程度如何。在你没有完全了解这些情况和工作的预期结果之前，不要轻易委派工作。

当你对工作有了清楚的了解以后，还要使你的下属也了解，要向处理这件工作的下属说明工作的性质和目标，要保证下属通过完成工作获得新的知识或经验。

最后，把工作委派出去以后，还要确定自己对工作的控制程度。如果一旦把工作委派出去，自己又无法控制和了解工作的进展情况，那就要亲自处理这件工作，而不要再把它委派出去了。

切记不要把"热土豆"式的工作委派出去。所谓"热土豆"式工作，是指那些处于最优先地位并要求你马上亲自处理的特殊工作。例如，你的上司非常感兴趣和重视的某件具体工作就是"热土豆"式工作。这种工作要你亲自去做。另外，非常保密的工作也不要委派给别人去做。如果某项工作涉及只有你才应该了解的特殊信息，就不要委派出去。

（2）选定能够胜任工作的人

建议你对下属进行完整的评价。你可以花几天时间让每个下属用书面形式写出他们对自己职责的评论。要求每位工作人员诚实、坦率地告诉你，他们喜欢做什么工作，还能做些什么新工作；然后，你可以召开一个会议，让每个职员介绍自己的看法，并请其他人给予评论。要特别注意两个职员互相交叉的一些工作，如果某职员对另一职员有意见，表示强烈的反对或提出尖锐的批评，你就要花些时间与他们私下谈谈。

在这种评价过程中，你还需要掌握两点，了解工作和职员完成工作的速度。你要通过这种形式掌握职员对他自己的工作究竟了解多深。

如果你发现有的职员对自己的工作了解很深，并且远远超出你原来的预料，这些人就有可以担负重要工作任务的才能和智慧。

了解职员完成工作的速度是另一个重要任务。例如，你可能知道一位秘书的打字速度是另一位秘书的两倍，或者一个助手完成同样困难的任务所用时间只是另一助手所用时间的一半。一旦你掌握了每个工作人员对其工作了解的程度和完成工作的速度等情况，就可以估计出每个人能够处理什么样的工作，也就可以回到委派工作的分析上来，决定把工作委派给能达到目标要求的人。

如果你对职员的分析正确无误，那么选择能够胜任工作的人这一步就比较容易做好，回到对工作的了解和职员完成工作速度这两个主要标准上来。然后，你再决定是想把工作做得好还是快。这种决策目标将会向你说明能够胜任工作的人是什么样的人。这样，你就有可能让最有才能的职员发挥最大的作用。但有一点也要记住，那就是你要尽量避免把所有的工作都交给一个人去做的倾向。

除了上述两个主要标准以外，其他因素也在委派工作中选择合适的人上起作用。时间价值就是一个很重要的因素。你要注意不要把次等的工作分配给公司中具有很高时间价值观念的职员去做。不量才用人，既浪费钱财，又影响职员的积极性。

总之，只要认真根据职员对工作的了解、完成工作的速度、时间价值观念和对他的培养价值这几条原则办事，就可以选择出能够胜任你要委派的工作的人。

（3）确定委派工作的时间、条件和方法

大多数领导者往往在最不好的时间里委派工作。他们上午上班后的第一件事便是委派工作。这样做可能方便领导者，但却有损于职员的积极性。职员有什么感觉呢？下属带着一天做些什么的想法来到办公室，一上班却又接到新工作。他们被迫改变原定的日程安排，工作的优先顺序也要调整。这样做的结果便是时间浪费。

委派工作的最好时间是在下午。你要把委派工作作为一天里的最后一件事来做。这样，有利于下属为明天的工作做准备，为如何完成明天的工作做具体安排。还有一个好处，就是职员可以带着新任务回家睡觉，第二天一到办公室便集中精力处理工作。

面对面地委派工作是最好的一种委派方法。这样委派工作便于回答下属提出的问题，获得及时的信息反馈，充分利用面部表情和动作等形式强调工作的重要性。只有对那些不重要的工作才可使用留言条的形式进行委派。如果要使下属被新的工作所促进和激励，就要相信在委派工作上花点时间是值得的。写留言条委派工作，可能快并且容易做到，但它不会给人以深刻和重要的印象。

委派工作是一种人情事儿。它是把重要的工作托付给某个下属去做。如果可能，最好是面对面地委派工作。

（4）制定一个确切的委派计划

有了确定的目标才能开始委派工作。谁负责这项工作？为什么选某人做这项工作？完成这项工作要花多长时间？预期结果是什么？完成工作需要的材料在什么地方？下属怎样向你报告工作进展？委派工作之前，必须对这些问题有个明确的答案。你还要把计划达到的目标写出来，给职员一份，自己留下一份备查。这样做可以使上下双方都了解工作的要求和特点，不留下错误理解工作要求的余地。应该让这种委派计划指导有效委派工作的全过程。

（5）委派工作

在委派工作之前，需要把为什么选他完成某项工作的原因讲清楚。关键是要强调积极的一面。向他指出，他的特殊才能是适合完成此项工作的；还必须强调你对他的信任。同时，还要让下属知道他对完成工作任务所负的重要责任；让他知道完成工作任务对他目前和今后在组织中的地位会有直接影响。

在解释工作的性质和目标时，要向下属讲出你所知道的一切。不要因为没有讲完所掌握的信息，而给下属设下工作的陷阱。你要把所有的目标全部摆出来，是谁要求做这件工作的，要向谁报告工作，客户是谁等等。还要把自己在这个工作领域的体验也告诉下属，让他们了解过去的一些事情是怎样处理的，得到了一些什么结果等。要让下属完全理解你所希望得到的结果。如果可能，尽量列出事实、数量和具体目标。那种"这件事需要快办"的说法不是对工作的充分解释。

给下属规定一个完成工作的期限，让他知道，除非在最坏的环境条件下才能推迟完成工作的期限。向他讲清楚，完成工作的期限是怎样定出来的，为什么说这个期限是合理的。另外，还要制定一个报告工作的程序，告诉他什么时间带着工作方面的信息向你报告工作；同时，你也要向他指出，要检查的工作的期望结果是什么，使他明确要求。

最后，你要肯定地表示自己对下属的信任和对工作的兴趣。像"这是一件重要工作，我确信你能做好它"这样的话，可以对下属发挥很大的激励作用。总之要记住，委派好工作，不仅能节约时间，还可以在职员中创造出一种愉快的工作气氛。

（6）检查下属的工作进展情况

确定一个评价委派出去的工作进展情况的计划是很有技巧的事。检查太勤会浪费时间；对委派出去的工作不闻不问，也会导致灾祸。

对不同工作，检查计划也有所不同。这主要取决于工作的难易程度、职员的能力及完成工作需要时间的长短。如果某项工作难度很大并且是最优先的，就要时常检查进展情况，每一两天检查一次，保证工作成功而又不花费太多时间，这类工作都有一个内在的工作进展阶段，一个阶段的结束又是另一个阶段的开始。这种阶段的停起时间也是检查和评价工作进展情况的最好时间。当你把一件有困难的工作委派给一个经验较少的下属去做时，不论从必要性还是从完成工作的愿望上来讲，多检查几次进展情况都是有益的。对这种情况，你可以把检查工作进展的次数定为其他下属的两倍。除了定期检查工作以外，还要竖起耳朵随时倾听下属的意见和报告工作进展的情况。要让下属知道，你对他的工作很关心，并愿意随时和他一道讨论工作中遇到的各种问题。

一般地讲，你既然把某项工作交给了下属，就要相信他能胜任这项工作。因此，每周检查一次工作也就足够了。但要鼓励下属在有问题时随时来找你，另外还要让他们懂得你不鼓励不必要的打扰。

评价工作进展的方法必须明确。要求下属向你报告工作是怎样做的，还有多少工作没有做完，让他告诉你工作中遇到的问题和他是怎样解决这些问题的。最后，你要用坚定的口气向下属指明，必须完成工作的期限和达到要求的行动方案，促使下属继续努力工作。

（7）检查和评价委派工作系统

当委派出去的工作完成以后，要在适当的时候对自己的委派工作系统进行评价，以求改进。可以组织一个小组，小组中的每个成员都可以评价和批评他们在完成委派工作中的表现。最好是要求大家用书面形式把意见写出来，然后召开一个短会对这些书面意见进行讨论。

为了做好委派工作系统的评价工作，需要解决这样一些问题：工作是否按期完成了？工作的目标是否达到了？下属是否创造出了完成工作的新方法？他们是否从工作中学到了一些新东西或得到了某种益处？把这些问题作为评论委派系统工作情况的基础，邀请下属进行评论。实践证明，最准确的评价和最要害的批评往往来自下属。因为他们是任务的执行者，对评价委派工作系统要比领导者更有发言权。

评价过程中的一个重要方面是要实行奖励。怎样奖励一个工作做得好的助手？许多情况下，领导者"奖励"给下属的往往是更多更重要的工作。因为事实证明他能干，为什么不让能干的人做更多更重要的工作呢？这种想法和做法从道理上讲无可非议，但实际上却有点滥用职权。如果一个有才能有责任心的下属觉得他工作成功的奖赏只是更多的工作负担，特别是当他所做的工作是其他人的两倍而报酬却没有相应增加时，他便很难受到促进。

尊敬和赋予新的工作责任是对下属的奖励，但一味地加重工作负担则不在此列。即使你从内心里认为对下属的信赖是一种极大的奖赏和促进也不行。比较好的办法是，向他们透露点个人的事情，如你与上司的问题，你对其他有关工作的反对意见、批评和评论等。这类信息表明你对他的真正信任和尊敬，会鼓励他更有效地工作。

④ 用"不"立威，以雷霆手段控制局面

领导，必须有八面威风，方能令下属甘心服从，令对手处于下风。想立威，利用一切机会说"不"无疑是最有效的手段！如果一个领导者过于随和，过于软弱，就不能完成任何一个伟大的计划。你只有让下属感到你有极高的权力、不容侵犯的威严，才会让他们一丝不苟地在你掌控的局面中执行你的命令。

1. 用"高压"加强自己的领袖魅力

"高压"还是"温和"是摆在每个领导者面前的管理选择。仔细观察那些处于巅峰位置的企业领袖，就不难发现：领袖魅力来源于高压管理。

比尔·盖茨的成功无疑使他成为领导者的典范。盖茨运用的管理风格既不是美国的个人主义式，也不是日本的共识主义式，而是独树一帜的。杰克瑞称这种风格为"武装休战"。他写道："冲突处于微软每件重大决定的核心。这是一家时刻在交战中的公司，不只是与局外人作战，而且也和自己作战。"

贾特纳集团分析家史考特·温克勒认为，微软的成功依赖全力投入的员工，而他们对这位具有领袖魅力的领导人极为信服："比尔要他们做某事，他们就会照办。他们信赖他。他从不让他们失望。他们的企业文化是对的。"

盖茨激发忠诚的员工，但相对地，他也以言语和行动表达他对优异表现的赞赏："本公司公开发行股票之前，我做了一些安排，把少见的大部分股权分配给员工。那种做法让他们了解，他们的表现是多么重要。"

另一方面："奖励绩效的反面是，确定谨慎地管理或重新调派那些毫无贡献的员工。员工需要亲眼看到，他们的同事真的很强，所以如果某某人不称职，就必须做一番调整。"

比尔·盖茨履行"高压式"的管理风格，盖茨很少赞美员工，通常都只是批评，他始终给予员工极大的压力，员工一旦出错，他决不手软，"充分利用员工，直到榨不出一滴油为止，微软公司最终能够留住的都是些适合公司发展要求，也能经得起磨炼的比尔·盖茨先生想要的人才。"这正是许多人对盖茨先生管理方式的评价。

比尔·盖茨的"高压式"的管理风格的确是不近人情的：由于盖茨先生本人对微软公司的员工期望很高，表现出来的便是对员工只有大量的批评，很少有赞美，他常常批评员工的表现不尽理想，甚至扬言开除他们。

一方面，盖茨给予员工高度的外在物质福利与内在成就动机的满足，来作为奖赏。另一方面，盖茨喜欢经常采用批评、威胁的方式管理员工，并且在微软公司内部推行"立即惩戒"与"固定的淘汰率"制度。

这些近乎"严酷"的管理制度，的确违背了人类追求平等、尊严的理想。

但盖茨也绝非一味地压制员工，如果公司的员工有优良的表现，仍可获得实质奖励。对于表现突出的员工却不会马上加以赞赏，不遗余力地贯彻既定的目标是比尔·盖茨集权式管理的体现。

盖茨赏罚的目的极为明确：并不是在于员工对他崇拜，而是希望通过各种赏罚制度，将员工行为导向企业经营目标所期望的发展方向。

微软公司不断地惊人成长，以此论之，盖茨的赏罚制度可谓是成功的。因此，也有人说，盖茨不只是一个管理者，他更是一位策略领导者。

盖茨就是利用这种"高压"式的管理风格，树立了自己在微软公司中的崇高威望。他用这种威望形成的凝聚力带领微软公司一步步成长、壮大。

2. 对"多数"说不

有的领导认为，只有照多数人的意见办事才不会把事情闹大，才能和平地收拾局面。其实不然，不讲原则，迁就多数，长此以往，领导的威信将会下降，更会使少数别有用心的下属，利用"多数"来控制领导的决策。

现代社会讲民主，因此，少数服从多数成了理所当然的事。如果这个多数是由知识水准很高的人组成的，当然没有问题。但是，如果这个"多数"的组成分子都是些没知识的（我们这里所说的"知识"，不仅仅指文化知识），那多数人的意见就不一定是正确的。

重要的是对真理的判断，哪边有真理，哪边就是对的。

有些心怀叵测的人很会蒙骗群众，以"多数"作后盾而提出无理要求，这样的"多数"就无须服从。在这种情况下，管理者可能会显得孤立，但这并不可怕，这种孤立必定是暂时的。

某厂有个工人盗窃了厂里的木材，数量虽然不很大，但性质肯定是偷盗。因为这人是木工，平时上上下下找他敲敲打打的人很多，都与他有点交情，于是，便都出来求情，只有厂长坚持要依法处理。

有人就说："少数服从多数嘛。"厂长理直气壮地说："厂规是厂里最大多数的人通过的，要服从，就服从这个多数。"

一时间，厂长似乎有点孤立，但时间一长，理解和赞同他的人便越来越多，而偷盗厂内财物的情况也从此大为减少了。

这位厂长如果听了大多数人的意见，不加处理，或从轻处理，不仅厂里的偷盗之风会愈演愈烈，厂规厂纪也将成为一纸空文。届时，厂长威信扫地，这才是真正的孤立呢。

处理问题是如此，实施新规定也是如此。

新的意见和想法一经提出，必定会有反对者。其中有对新意见不甚了解的人，也有为反对而反对的人。一片反对声中，管理者犹如鹤立鸡群。这种时候，也要学会不怕孤立。

对于不了解的人，要怀着热忱，耐心地向他说明道理，使反对者变成赞成者。对于为反对而反对的人，任你怎么说，恐怕他也是不想接受的，那么就干脆不要寄希望于他的赞同。

真理在握，反对者越多，自信心就要越强，就要越发坚决地为贯彻目标而努力。

有家商店，店面虽然不大，地理位置却相当好，由于经营不善，连年亏本。新管理者一上任，便决意整顿。

他制定一系列规章制度，这一来就结束了营业员们逍遥自在的日子，因此遭到一片反对之声，新管理者被孤立了。但他坚持原则，说到做到。

不到二年，小店转亏为盈。当年终颁发奖金的时候，一个平时最爱在店堂里打毛线，因而反对新规定也最坚决的女士说："嗯，还是这样好。过去结绒线，一个月顶多结一两件，现在这些奖金足可以买几件羊毛衫了。"

领导者顺从"多数"求得的一时不孤立，最终只能使自己的权力贬值，威信无存，更谈不上有效的控制局面了。要立威就得对"多数"勇敢说不。

3. 该说"不"时就说"不"

一个不会说"不"的领导是很难有自己的主见的。不会拒绝就等于把属于自己的决定权拱手让人。身为领导，该说不时就说不。

要是在全年最忙的几天，有人要请假，或者别的经理想从你部门借一名员工用一周，你很可能会一口回绝："不行。"

一些平常你有可能同意的要求，在某些场合下却不得不回绝。所有人都想顺人意、讨人爱，但在工作中难免要拒绝别人的一些要求——有的要求合情合理，另一些却可能是非分要求。

下面的例子你只能也必须采用一个简单的方法：坚决说"不"。

（1）有两种情况：一是你的下属没有按照安排休假计划的规定办事，

二是这段时间已经安排给其他员工休假了。

要是前一种情况，就应该让下属知道他没有遵守制度。你应该这么对他说："很抱歉，我们打算在那个星期盘点存货，一个人手也不能缺。你知道，正因为这样我们才规定每年的一月安排休假计划。"

有时，员工的请假要求与别人预先计划好的休假有冲突。遇到这种情况，你要让他明白，批假的原则是"先申请先安排"，所以不能批准他的请求。不过，可以准许他与已安排休假的那个员工协商调换休假日期。

（2）员工要求加薪或升职。遇到那些特别尽职尽力的员工请求加薪或升职时，要开口说"不行"实在是一件很为难的事。

特别是有时员工的职位、薪酬早该变了，但预算紧缩，生意清淡，或其他因素使你无法对他们予以奖励，要说"不行"更是难上加难。

这时，简单的处理方法是如实相告，说清楚为什么不能提职或加薪。

处理这类问题时，切忌做超出你职权的承诺。即便你说你承诺的事要视将来情况而定，如等生意出现转机，预算松动之后等等，员工仍可能把它看成是正式的承诺。

（3）员工要求调到另一部门。如果是一个可有可无的人请求调动，那就赶快批准，你还应该庆幸自己的运气。但要是老天安排最得力的员工要求调动，而且是在大忙时节，或在一时找不到人顶替的时候，千万不要断然拒绝，因为那样会使一个好员工消沉下去。

你应该跟他坐下来谈谈为什么要请调。你会发现促使他调动的原因可能与工作无关。可能是他与某位同事关系紧张，也可能是由于一些通过调整工作可以解决的问题，通过交谈才会发现问题在哪里。

如果谈话毫无结果，没有什么能使他改变调动的想法，你只有简单拒绝。但要尽可能减少给他造成的消极影响，尽量给他一线希望。比如可以说："现在不能调，过一两个月再看看有没有机会。"

这样做不仅为你赢得了考虑其他可能性的时间，而且在这段时间里，员工的想法也可能发生变化。不管怎样，对员工的调动要求表现出关心，有助于减轻拒绝对员工造成的伤害。

（4）其他部门向你借人。为了团结，只要能腾出人手，这类请求一般都应该应允。但要考虑下述问题：

会不会使你人才短缺？

在你忙得一团糟时，他会不会助你一臂之力？

被借调过去的员工本人会有什么想法？

其他员工会不会拒绝顶替由于把员工借出去产生的空当？

你的上司会不会认为，既然你能腾出人手，你的部门是不是编制太大了？

短期借用有没有可能演变成长期调任？

答应了这一次，有多大可能还会有下次？要记住，一次说"行"，很自然他还会来找你。

在这种情况下，说不应该是最好的选择了。要记住，你是领导，你的决定权在一定程度上就是你对局面的控制权。

4. 适当地对员工发火

领导并非在所有的问题上都能说不。当情况让领导想说不而又不能说不时，不妨用发火的形成来对员工说不。

领导对员工发火，足以显示领导的威严和权势，对员工构成一种令人敬畏的风度和形象。应该说，对那种"吃硬不吃软"的员工，适时发火施威，常常胜于苦口婆心和千言万语。

上下级之间的感情交流，不怕波浪起伏，最忌平淡无味。数天的阴雨连绵，才能衬托出雨过天晴、大地如洗的美好。

老练的领导在这个问题上，既敢于发火震怒，又有善后的本领；既能狂风暴雨，又能和风细雨。当然，尽管发火施威有缘由，毕竟发火会伤人，甚至会坏事，领导对此还是谨慎对待为好。

领导适度发火，这是需要的，特别是涉及原则问题或在公开场合碰了钉子时，或对有过错人帮助教育无效时，必须以发火压住对方。况且领导者确实为员工着想，而员工又固执不从时，领导发多大火，员工也会明白理解的。

首先，发火不宜把话说过头，不能把事做绝，而要注意留下感情补偿的余地。领导话语出口一言九鼎，在大庭广众之下，一言既出，驷马难追，而一旦把话说过头则事后骑虎难下，难以收场。所以，发火不应当众揭短，伤人之心，导致事后费许多力也难挽回。

其次，发火宜虚实相间。对当众说服不了或不便当众劝导的人，不妨对他大动肝火，这既能防止和制止其错误行为，也能显示出领导运用威慑的力量，设置了"防患于未然"的"第一道防线"。但对有些人则不宜真动肝火，而应以半开玩笑、并认真或半俏皮、半训诫的方式去进行，虚中有实、语意双关，使对方既不能翻脸又不敢轻视，内心往往有所顾忌——假如领导认真起来怎么办。

另外，发火时要注意树立一种被人理解的"热心"形象，要大事认真，小事随和，轻易不发火，发火就叫人服气、"拿住人"，时间长了，领导才能在员工中树立起令人敬畏的形象。日常观察可见，令人服气的发火总是和热诚的关心帮助联系在一起的，领导应在员工中形成"自己虽然脾气不好但心肠热"的形象，从而使发火得到人们的理解和赞同。

领导的日常发火，不论多么"适当"总会在感情上伤害人，只是伤人有轻有重而已。因此，发火伤人以后，需要做及时的善后处理，即进行感情补偿，因为人与人之间，不论地位尊卑，人格是平等的。妥当的善后要选时机，看火候，过早了对方火气正盛，效果不佳；过晚则对方郁积已久的感情不好解开。因而，宜选择对方略为消气、情绪开始回复的时候为佳。

正确的善后，要视不同对象采用不同的方法，有人性格大大咧咧，是个粗人，领导发火他也不会往心里去，故善后工作只需三言两语，象征性地表示就能解决问题。有的人心细明理，领导发火他也能谅解，则不需下大功夫去善后。而有的人死要面子，对领导向他发火会耿耿于怀，甚至刻骨铭心，则需要善后工作细致而诚恳。对这种人要好言安抚，并在以后寻机通过表扬等方式予以弥补。还有的人量小气盛，则不妨使善后拖延进行，以天长日久见人心的功夫去逐渐感化他。

艺术地善后还应体现出明暗相济的特点，所谓"明"是领导登门进行谈心、解释甚至"道歉"，对方有了面子，一般都会顺势和解。所谓"暗"是指对器量小者发火过了头，单纯面谈也不易挽回时，便采用"拐弯抹角"或"借东风"法，例如在其他场合，故意对第三者讲他的好话，并适当说些自责之言，使这种善后语言间接传入他的耳中，这种背后好言很容易使他被打动、被感化。另外，也可以在他困难时暗中帮忙，这些不在当面的表示，待他明白真相后，会对领导由衷感激。